台湾を独立させよう

遠山景久

台湾を独立させよう

遠山景久

まえがき

遠山景久先生が平成十一年七月十三日に亡くなられてから、早くも六年の歳月が経とうとしている。

遠山先生ほど、自分の人生を、天衣無縫、自由奔放に生き抜いた人は稀であろう。

進取の精神に富み、常にエネルギーに満ち溢れ、ダイナミックな行動力と、そして歯に衣着せぬ強烈なる言論活動。

遠山先生は、一匹狼の〝ダイナミックな言論人〟であり、その権力、権威に屈さぬ強烈な反骨精神に支えられた人生は、実に波乱万丈であった。

その遠山先生は日頃、「露堂々《ろどうどう》」という言葉を座右銘にしておられた。

「露堂々」は、禅の言葉である。全ての虚飾を捨て去り、何の衒いもなく、在るがままの姿で、堂々と人生を生き抜くという意味であろう。

この言葉通り、遠山先生は、世間の毀誉褒貶を歯牙にもかけず、その死に至るまで、文字通り「露堂々」の人生を貫かれた。

歴代総理大臣の政治指南役を務め、遠山先生と親交のあった陽明学者安岡正篤氏は、遠山先生を次のように評した。（昭和四十一年七月、遠山景久著『ヨーロッパ　ケチョンケチョン』出版記念会における安岡正篤氏の挨拶）

「遠山さんは、元亀天正の時代か、せめて幕末、明治の時代に生れていたなら、もっと本領を発揮し、愉快な人生を歩まれたのではなかろうか。織田信長にでも惚れ込んで大暴れをやるか、吉田松陰と同じように外国渡航を企てるか、あるいは坂本龍馬のように海援隊でも作って外国貿易で大儲けし、男道楽でもやるんじゃないか。時折、遠山さんの顔を見ながらそう考えます」

遠山先生は大正七年東京に生れた。中央大学を卒業後、昭和十七年に応召、終戦時は陸軍中尉だった。戦後は文化学院講師、東京工業大学政治学講師などを務めた。その後、出版社「拓文館」「論争社」を経営し、意欲的な出版物を世に出した。

また「日本評論家協会」の設立に尽力し、同協会の理事に就任。さらに「核兵器禁止平和国民会議」常務理事を務めるなど、積極的に政治活動にも携わった。昭和四十二年、ラジオ関東（現ラジオ日本）社長に就任し、次々に新機軸の報道中心の番組編成を実行に移した。

遠山先生は自らの思想的立場を、著書『思想は発展する』（昭和三十五年・論争社）で、概略次のように述べておられる。

「私は戦時中青年将校として、軍国主義の罪悪を、骨身に徹して思い知らされた。戦後マルクス主義に人間解放の活路を求めたが、目的のためには手段を選ばない陰惨な権威主義を経験するに及んで、スターリン批判を契機として、一元的決定論の世界から脱却するに至った。

現在大学で教鞭を執っているが、戦後、今日迄、私の交友、知己は保守党から左翼に至る迄広範囲に亘り、絶えず生きた複雑な現実や多様な人間関係を皮膚をもって体験し得た。

私は元来性格的に、党派によって交友を選択したり、権威に倚りかかって発言したり、或いは又批判を恐れて右顧左眄したりすることは最も不得手とするところである。

私は、自由な独立した個人の尊厳こそ、何ものにもかえがたいものであり、そのような自由人にしてはじめて真理を語る資格があると思う。

私はいかなる権力にも権威にも屈しない、強烈な反骨に支えられた、自主独立の批判精神こそ、最大の価値であると信じ、常に失いたくないと心がけているつもりである」

遠山先生は、実に、一匹狼の〝ダイナミックな言論人〟であった。

戦後六十年、わが国は羅針盤を失った巨大客船の如く、荒波に翻弄されている感がある。わが国は敗戦後最大の危機に直面していると言っても過言ではなかろう。

改めて遠山先生の遺稿を読み返し、今直面する日本国の危機にこそ、遠山先生の如き「自主独立の批判精神」に溢れた言論の必要を痛感する。七回忌を迎える今年、遠山景久遺稿集として、その言論を改めて世に問おうと考えたのは、以上のような時代認識からである。

特に遠山先生は、台湾独立を実現させるべく活発な言論活動を展開し、その強烈な主張と精緻な論理は、米国の知識人をはじめ各方面に多くの影響を与えた。また物心両面に亘り台湾独立運動を支え、独立運動に挺身する多くの台湾人を勇気づけた。

この遺稿集を、敢えて、『台湾を独立させよう』と題した所以である。

平成十七年七月十三日

遠山景久遺稿集刊行委員会

目次
——
台湾を独立させよう

第一章

台湾を独立させよう

ロータリークラブで台湾問題について語る筆者。
（昭和45年５月／東京千代田区パレスホテルにて）

台湾を独立させよう

『読売新聞』昭和39年3月22日

カリフォルニア大学のR・A・スカラピーノ教授との往復書簡形式の対談。スカラピーノ教授は、アイゼンハワー政権の極東政策の転換を上院外交委員会に勧告した「コンロン報告」で、アジア部門を担当。スカラピーノ教授は、遠山氏との往復書簡で、中国の政治の根底にある民族主義的要素に注目すると同時に、蔣介石亡命政権に支配された台湾の現実を直視すべきだ主張している。

〔1〕台湾は中国の一部ではない

去る一月末（昭和三十九年）、フランスの中共承認以来、にわかに台湾問題が国際政局にクローズアップされてきました。私は異常な関心を持って、新聞、テレビ、ラジオの関連記事や論評を、細大もらさず注目してきました。

というのも、昭和三年、家族とともに台湾に移住し、少年時代の六年間を台北で過ごした私にとって、台湾は第二の故郷なのであります。

ところが、報道された内外の論評に、台湾そのものについて、正しい理解を持っているものがほとんどないのに、大きな失望を感じました。

言論界も例によって、マルクス主義に立脚する日本社会党をはじめ、左翼陣営は毛沢東の代弁者として「一刻も早くアメリカ追随をやめて、中共を承認せよ」といい、右翼は「蔣介石の恩義を忘れるなかれ……」というだけであります。このようなことでは少しも問題の解決に役立たないし、アジアの平和にも寄与できないと思います。

それにつけても思い出すのは、一九五九年、あなた（R・A・スカラピーノ教授）が執筆された『コンロン報告』であります。残念ながら日本ではこれを読んでいる政治家、言論人は非常に少ないか、あるいは読んでいても忘れてしまっている者が多いという実例です。

この手紙を書いている今日まで新聞に現れたところでは「台湾は中国の一部である」という中共および蔣介石の主張（不思議なことにこの点では国共全く一致）に対し、「台湾は中国の一部ではない」という反論は全然見当たりません。中共と、国民党についていは知っていても、台湾にかんしてはほとんど無知なのであります。

さらに驚くべきことには〝二つの中国〟という標語と〝一つの中国・一つの台湾〟という語の区別さえ知らないのです。

〝二つの中国〟という場合は、台湾も中国の一部という前提に立っての標語であり〝一つの中国・一つの台湾〟というときは、中国は一つで、それは大陸だけであり、台湾は中国ではなく、台湾国という新しい独立国の誕生を示唆しているのです。

いずれにしても、今日、中国問題を論ずる場合、台湾にかんして、少なくとも次の事実を知っていなければ、アジアの問題を語る資格はないと思います。

［2］台湾統治の歴史

①台湾島は一五九〇年、ポルトガル人によって発見され、イラ・フォモサアと呼ばれた。

②一六二四年、オランダが南部から入植、ゼーランジャ城を築き、同二六年にはスペイン人が北部より入植し、基隆にサンサルバドー城を築いている。同四二年、オランダはスペインを駆逐し、台湾全島を統治した。

③同六〇年、鄭成功がオランダを駆逐、国姓爺王国時代が二十年続いた。

④同八三年、清国は鄭王国を滅ぼし、約二百年間台湾を植民地下においた。

⑤次いで日清戦争に続く日本の植民時代（一八九五〜一九四五）の五十一年間。

⑥戦後、国府統治下にはいり、今日に至っている。

現在の台湾民族を形成しているのは、四百年以上の昔から台湾に先住していたマラヤ系の高砂族、オランダ統治時代から清国植民時代に至る大陸からの入植者等の混血の子孫であり、言語は、大陸では全く通用しない独自の台湾語が語られています。

総人口千二百万のうち台湾人が一千万、二百万が大陸からの中国人となっています。

日本植民地時代の五十一年間、その同化政策によって、台湾は徹底的に近代化と工業化が進められ、高度の文明を持つ新しい民族として成長しました。義務教育の普及（九五％）、知識階級の形成、工業化の達成、商業の振興、交通・通信の普及等、生活・文化水準のめざましい向上は同時代の日本内地の水準を追い越すほどの勢いだったのです。

一方同じ時期の中国は、飢餓線上の貧農と苦力（クーリー）と文盲の国であり、軍閥の割拠する内乱の国でした。

かくて、歴史をさかのぼれば、中国人も台湾人も、同じ漢民族から派生しているとはいえ、民族的同一性は全く失われ、ついに、言語、風俗、習慣、宗教、文化、生活様式というあらゆる属性において、両者は全く異なった民族形成をとげてきたのであります。

今日、国府も、中共もともに台湾人を中国人であると主張しています。しかし、仮に漢民族という同一の人種的源流から発したという理由で、同一国家を形成しなければならないというならば、オーストリアはドイツに、ベルギーはフランスに属し、アメリカ、カナダは消滅し、スイスは解体しなければならないでありましょう。

[3] 二・二八革命

一九四七年二月二十八日、中国占領軍に対し、台湾人がそれまで二年間おさえにおさえてきた圧制に対する怒りはついに爆発し、台湾独立の火の手が一夜にして燎原（りょうげん）の火のごとく全島に燃えひろがりました。そして台湾人はわずか七日の間、全島を制したのですが、急ぎ大陸から派遣された援軍によって、報復の大虐殺が加えられ、山河は台湾人の鮮血で染められました。この事件は決して同一国家内の内乱ではなく、野蛮な外国簒奪者に対する民族的蜂起（ほうき）であったのです。

二・二八革命は、その後の台湾人対中国人関係を決定づける歴史的事件で、虐殺の結果、ほとんどの台湾人は、父、兄、弟、妻、子、友人のだれかを失ったのです。この歴史的事件は台湾人の心に刻まれ、語りつがれ、今日台湾民族独立の戦いとなっています。

[4] 蔣経国の存在

今日、台湾の政治を語る場合、絶対に見落としてはならないのは蔣経国の存在です。現在、台湾の真の支配者は蔣経国であり、蔣介石は雲の上に祭り上げられ、党、軍、政の大権はすべて蔣経国の手中にあるといったならば、人々は意外に思うかも知れません。しかしそれが真実なのです。滞ソ十三年、モスクワ大学を卒業しロシア婦人と結婚した彼は、筋金入りの共産党員として一九三七年に帰国しました。このとき国共合作と抗日救国政策を蒋介石に強要する有名な西安事件が発生し、この結果翌年の二月に第二次国共合作が成立し、七月七日に日支事変が勃発したのです。第二次世界大戦後、内戦に敗れた国民党は台湾にのがれ、一九五五年、軍の実権を手中におさめた彼は、続いて国防会議と安全局（特務機関）をつくり、さらに党中央常務委員会を牛耳り、完全に党、軍、政と秘密警察を掌中に握り、今日に至っております。

そして二・二八革命の大虐殺以来、約二十万の特務員が台湾人をたえず監視し、逮捕、訊問、処刑を行なっているのです。独立運動に対して張りめぐらされた監視網は台湾という島を一つの「格子（こうし）なき牢獄」にしてしまっているといえるでしょう。

以上台湾の歴史と現状を概説しましたが、これを要約すれば、一千万の台湾人は言葉の通じない二百万の〝中国人という外国人〟の圧制下におかれているということであります。

アメリカの対国府政策は一九四九年以来、幾多の変遷を重ねてきましたが、今日では中共封じ込め、孤立化政策として袋小路にはいりこみ、身動きのとれない状態に陥っていると思われます。

大陸に七億の中国人を支配する中共政府の承認は時間の問題でしたが、今回、はからずもフランスの中共承認という新しい事態を迎えました。アメリカは好むと好まざるとにかかわらず、従来の国府政策を根本的に再検討せざるを得ない時期にきているのです。

[5] 台湾の帰属は住民投票で

今秋（昭和三十九年）、国連総会の議題となる中共の国連加盟問題以前に、われわれとしては、まず台湾問題に対する正しい認識と、見識ある態度を基調とした外交政策を確立しなければならないと思います。

この問題の帰趨を決する最も重要なカギは台湾住民の意思であります。

もし今日、台湾で住民投票を行なった場合、大陸帰属という結果は万が一にもあり得ず、自由陣営の一員としての自覚に基づく独立台湾という結論が勝利することは間違いないところです。ただこの場合、最も警戒しなければならないことは、蔣一派が李承晩、バオダイのような亡命の悲運よりは、終身台湾省主席の地位を確保すべく国共合作の挙に出る可能性であります。

そこで私は台湾問題の解決について次のように提案します。

①国連監視下における住民投票により、台湾の帰属及び統治形態を決定する。

②台湾全住民、すなわち台湾人と中国人の共和＝台華共和に基づく独立台湾の実現。

③在台二百万の中国人は台湾が独立したとき、彼らに帰郷、移住ないし台湾共和国国民となる選択の自由を与える。

現在一千万の台湾人は国民党の独裁に代わって、もう一つの赤い独裁は、さらにこれを欲しておりません。真の〝台湾解放〟とは中国人による外国支配の排除であります。

台湾が独立すれば中国代表権問題は解決され、金門・馬祖から台湾兵を撤退することによって、台湾海峡の緊張は消え去り、アジアの平和の〝トゲ〟は取り除かれるでありましょう。

第二次大戦後、ナショナリズムの勃興は植民地の解放、民族の独立となって現われ、アジア・アフリカの各国植民地は次々に独立を獲得しています。いまや〝植民地解放、民族独立〟は東西両陣営とも反対できない〝錦の御旗〟であります。ひとり台湾のみが例外ではあり得ないと思います。そしてこれは、国連憲章第一条の精神でもあります。

台湾の帰属は住民投票で

『世界週報』昭和36年7月4日号

はじめに

台湾問題は今後共、日本の対外重要施策として、絶えずクローズ・アップされる問題であると思われるので、ここに私（試）見を述べてみたいと思う。

すなわち台湾問題は、今日極東において、自由世界の直面している最も解決困難な問題であり、わが国としても、対中共政策、いわゆる中共承認＝国連加盟の是非をめぐる政策の決定にとって、絶対に避けて通ることのできない問題であると思う。

中共の国連加盟の是非をめぐる論議は、最近やや下火になった観がある。しかしながら決してこの問題について国論が統一されたわけではなく、社会党——総評および日共に代表される急進的な意見から民社党のような漸進論に至るまでのニュアンスの違いはあっても、中共承認を外交の基本政策とすべきであるとの主張は、野党色の濃いわが国の論壇の根強い底流となっており、今後も事あるごとに絶えずむしかえされると思うのである。

私は本稿で、第一に中共承認問題をめぐるこれまでの主な論議を整理、論評し、第二にこの問題と密接不可分の「一つの中国論」を批判し、第三に中共問題を論ずるに当たって、とかく無視され、等閑に付されがちの台湾問題について、台湾の史的沿革の回顧と、現状分析を通じて、私の見解を明らかにしていきたいと思う。こうしてはじめて台湾問題を大局的に、しかもポイントを誤まらずに概観し得ると思うからである。

中共承認をめぐる二つの意見

昨年末（昭和三十五年）ごろより今春にかけて、中共問題の解決策をめぐって、大いに世論が喚起されたのであるが、池田新政権に対する様々な期待と不安の中で、「外交問題懇談会」において数度にわたってこの問題がとりあげられ、論議されたことがこの世論の喚起に大いに与って力があったと思う。そこで同懇談会の席上で戦わされた代表的な二つの意見を、便宜上ここに要約して紹介しよう。（このことについては木内信胤著『世界の見方』＝論争新書＝に詳しいので、それを参照させていただいた）

蠟山政道氏の意見

現在のように中共に対する与野党の政策および国民の世論が割れていては、今後再び安保騒動のような事態が発生する可能性がある。従って両者は早急に譲歩し合って、一本の線にまとまらなければいけない。――すなわち性急な承認論と非承認論の妥協点を漸進的承認論に求めるべきである。――そのためには「台湾問題」の解決を十年間棚上げとする。十年経って安保条約の期限が切れたならば、安保を廃案し、日本は「中立」に移行する。その際、仮に台湾が中共に吸収されていても日本にとっては、日本の「中立」によって安全が保障されている以上、それで差しつかえない。

――蠟山氏は台湾が中共に吸収されることを、当然のことと予想されているらしいのである――すなわち氏は原則的に台湾は中共に帰属すべきものとする「一つの中国」論者であり、急進的と漸進的の差はあるにせよ、中共承認＝国連加盟促進を、わが国外交政策の基本目標とすべきである、との立場であるといえると思う。

木内信胤氏の意見

これに対して木内氏は真っ向から反論している。氏は現在の中共はいわば「無法もの」であり、そのまま国際社会の一員に加えることはできない。しかし永久に共産圏と自由世界とは不倶戴天の敵であるというわけではない。すなわち彼らの国是としてのマルクス主義は、――少なくともわれわれの目から見ればソ連の現実の進展そのものによってさえ――理論としてはすでに完膚なきまでに、その維持すべからざることが実証されてしまった。その事実が恐らく深い意味での原動力となって、現在のソ連は急激に変化しつつある。従ってその勢いを助長して行って、ソ連の指導者層においても、従来の考え方を、もはや維持すべからずとして放棄するところまで行き得れば、すなわち「普通の国」になった時には、それで東西の対立はその終わりに到達し、世界は平和になるのである。

ソ連、中共の変化を助長するということは、中共が日本の左翼に働きかけているような、内政干渉的方法ではなく、単に思想のチャンネルを通じて、イデオロギー的勝利を獲得していくことであり、そのため特に必要なことは、日本人自身が、マルクス主義が全面的に誤りであることを実証しているこの現実を直視することによって、彼らの思想攻勢を全く受けつけないように、自身成長することである。これが最大の決め手である。

対中共のみならず、対共産圏対策の根本は、「思想戦」に勝利を得ることであることを認識し、それまでは、その思想に勝つためにも軍事的にも絶対に強くあらねばならず、自由主義陣営は相互に固く団結しなければならない。国民全体が自覚してかからねばならないのは以上の点であって、中共を承認するかしないかといったことは、実は枝葉末節の技術的考慮にかかわる問題であり、いわば外務省にまかせておいてよい問題である、と。

私は右の両者の考え方における根本的な対立点を次のように考える。

1、蠟山氏はソ中に対しては相当批判的な意見の持ち主であるにもかかわらず、そこに何らかの認識の甘さがあるのに加えて、氏本来の善意から、中共の平和共存政策をある程度額面通りに受け取っているように思われるのに対し、木内氏はもし日本が中立化し、自由陣営の集団安全保障体制から離脱するならば、日本は直接共産化の危機に直面することとなると考えている点。

2、中共のイデオロギー、即ちマルクス・レーニン主義に対し、木内氏はそれをすでに現実に破産したものと見ており、換言すれば、木内氏が対共産主義イデオロギー闘争こそ、わが国の安全保障の基本的眼目である、と考えているのに対し、蠟山氏にはこの点の自覚に欠けるうらみがあると見られる点。

3、今日の世界の平和は、好むと好まざるとにかかわらず、アメリカを中心とする自由世界と、ソ連を中心とする共産世界との恐怖の均衡の上に成り立っている。自由諸国は自国の自由と民主主義を犠牲にすることを欲しないならば軍備と団結力において、ソ中に乗ずる隙を与えない力を保持して行かねばならない。蠟山氏に限らず共産主義的全体主義に対して、まだまだ甘い幻想から抜け切れない「善意」の人々は、日本の中立――安全保障体制からの離脱が、ソ中の思うつぼであることを認識し得ないのである。

一つの中国論について

従ってこうした善意の人々の政策論議はどうしても抽象的理想論の域を出ず、論理的な首尾一貫性と単純な目標を追い求める余り、複雑で矛盾に満ちた現実を直視し得ないのである。

すなわち、日本の完全中立→中共の承認→中共の国連加盟→台湾の中共への帰属→日中国交正常化→自由、共産どちらの陣営にも属さない日本の完全中立、といった図式である。

たしかにイギリスは、他の自由諸国に先んじて中共を承認している。しかしながら、イギリスは決して一つの中国論などふりかざさない。国連の保障下で自由な選挙（国民投票）によって独立した台湾ということを早くから主張しているのである。

今日、二つの中国――言い換えれば一つの中共、一つの台湾――が厳存しているのが現実である。そして中共は左の全体主義であり、台湾は右の全体主義――まさに、李承晩時代の韓国と同様、蔣介石の独裁である。

しかし同じ全体主義であっても台湾の場合は、北鮮や東ドイツなどに比して、一つの利点を持っている。それは後者が鉄の全体主義国家ソ中の衛星国であるのに反して、台湾はアメリカの支持のもとに自由世界の一員として存在している――たとえそれが自由世界の恥部であるとしても――ことである。

なぜならば、東ドイツや北鮮が独立と民主化を闘いとろうとすることは、とりもなおさずハンガリーの悲劇の再現を招く結果となることは火を見るよりも明らかであるのに反して、台湾の場合には、その民主的独立に際しては、同盟国たるアメリカをはじめ自由諸国の強い支持を期待し得る公算が大であるからである。

ただ十分留意しなければならないことは、性急な一揆的な改革手段は、――今回の韓国の軍事クーデターのように――再び反動を呼び起こす可能性があるに止まらず、中共の好餌となりかねないということである。

そこで次に台湾の帰属問題の歴史的考察を試み、続いて台湾問題の現実的かつ実現可能と思われる解決策について、私見を述べてみたいと思う。

台湾統治権の史的沿革

これまでいわゆる進歩的文化人ならびに革新政党の中共国連加盟促進の主張は、日本の国際的位置および二つの中国、すなわち中共と台湾がそれぞれ独立した一国を形成し、一方は共産世界、他方は自由世界に所属しているという現実を顧みないばかりか、あたかもわが国が中共の同盟国であるかのような心情に基づいて、ひたすら中共の鼻息のみうかがっているかの観を呈している。

一方また、これに対する二つの中国論者の反論は、眼前の現実論に頼ってのみいる趣が強い。

これに対し中共は「台湾は歴史的に中国大陸に帰属してきた」とか、「蔣介石政権の独裁から台湾住民を解放するのは中共の使命である」と宣伝している（日本の革新陣営はこれを鵜呑みにしている）。

果たして台湾は歴史的に中共に帰属すべきものか。台湾住民は大陸帰属を望んでいるか。

第一に、台湾の蔣介石政権の史的沿革はどうだったであろうか。

(1)台湾島は一五九〇年、ポルトガル人によって発見された。台湾が現在フォモサアと呼ばれているのは、イラ・フォモサア（麗わしき島よ）というポルトガル語からきている。

(2)一六二四年、オランダがスペイン、ポルトガルの競争を排し、南部から安平に入植、台湾に入った。

(3)一六二六年、スペイン人が北部から入植、基隆にサンサルバドー城を築いた。

(4)一六四二年、オランダはスペインを駆逐し、台湾の統治権を握った。

(5)一六六〇年、鄭成功がオランダを駆逐し、王国を建設した。国姓爺王国時代（一六六一〜一六八一）である。

(6)ついで清国の植民時代（一六八三〜一八九五）。

(7)台湾民主国時代（一八九五〜一八九九）。

(8)日本の植民時代（一八九九〜一九四五）。
(9)以後今日まで蔣介石統治下となっている。
第二に、人種的な面からみると、
(1)一六四二年ごろオランダは台湾開発のため華南から数万人の労働者を入植させ、赤糖、茶の生産に従事させた。
(2)満族清の大陸制圧により、反清の志士らが鄭成功にひきいられ台湾からオランダを追い出した。このときの軍隊もまた現台湾人の祖先である。
(3)清国の植民時代は、大陸からの婦女子の台湾渡航は厳重に制限され、ために男子人口が膨脹し、高砂族との雑婚が一般化した。
(4)原住民の高砂族は、ほぼ十六種族に分かれている。
人口約一千二百万のうち台湾人一千万、中国人二百万、高砂族二十万である。

第三に言語であるが、台湾語が最も一般的であり、日本語がそれに次ぎ、北京語、広東語が四位となっている。さらに東南アジアに在住する大半の華商の言語は台湾語なのである。

第四に習慣は日本に相当似かよっており、島国的であり、大陸とは異なっている。

以上概観したように、台湾が大陸に帰属すべきものとの主張は、歴史的根拠が薄弱であるといえよう。進歩的文化人や革新陣営が、中共と同じような主張を繰り返しているのは、無知もさることながら、日ソ平和条約に際して、「千島は歴史的にロシアの領土であった」とのフルシチョフの言に、ほとんど反ばくし得なかったことと軌を一にする、ソ中コンプレックスの現われであろうか。

台湾住民の意志

この問題の帰趨を決する最も重要なカギともいうべきものは、台湾住民の意志であるが、私の知り得た各種の情報、さらに直接台湾の人々と接して得た判断によれば、もし今日台湾で国民投票を行なった場合、蔣介石政権が完全に信任を失うことはもちろんであるが、大陸帰属という結果は万が一にも期待し得ず、国連保障下に独立した民主的台湾という結論が勝利することはほぼ間違いないと思う。

そこで私の提案する台湾問題解決策は——

(1)国連監視下における住民投票により、台湾の帰属および統治形態を決定する。

(2)その方向は、一つの中国、一つの台湾であり、台湾全住民、すなわち台湾人と中国人の共和＝台湾共和に基づく独立した民主的台湾の実現である。

(3)在外華商の帰趨も、大勢としてこの方向に帰すると思う。
(4)蔣介石一派（大陸人二百万）には台湾が独立したとき、彼らに帰郷、移住ないし台湾共和国国民となる選択の自由を与える。

台湾問題解決に日本のイニシアチブを

以上私は、台湾の将来のよりよい、かつ現実的な解決策は、これ以外にはあり得ないと思う。中共は中華民国を除外しない限り国連加盟に応じないという態度をとっているのであるから、今日いかなる配慮からであれ、中共の国連加盟促進を唱えることは、ただに非現実的であるばかりでなく、中共の世界戦略、ひいてはわが国の容共中立化策に肩入れする結果を招くことは明らかである。

したがって中共の国連加盟問題以前に、われわれとしてはまず台湾問題に対する正しい認識と将来の見通しに立った、見識ある態度を基調とした外交政策を確立することこそ急務であるというべきであろう。

また台湾問題のよりよき解決策に向かって、一歩でも二歩でも世界の世論を喚起し、リードすることは、極東唯一の先進国としての自由世界に対する日本の責任でもあると思う。

台湾問題の核心をつく

『自由世界』昭和47年3月号

――ニクソン大統領が北京を訪問するということで、その筋の専門家はあまり中国問題や台湾問題について語りたがらない。自民党の中曽根さんあたりも、台湾問題については、「しばらく寝かせておいたほうがよい」ということを書いております。その点、遠山さんは大変はっきり自説を述べておられますね。

遠山　昨年の十月二十六日に国連で、蔣介石政権が追放を受けて、中国を代表する政府は中華人民共和国であると……。あれ以来、日本の新聞、雑誌、テレビ、ラジオ、すべてのマスコミが、中共なだれ現象になってしまった。その現象が日とともに強まっているということでしょう。一番特徴的なことは、中共側のコメント、あるいはアメリカのニクソン、キッシンジャーのホワイトハウスの対中国政策だとか、あるいはアメリカの国務省の政策、または日本の佐藤政権の中国に対する論評、それから日本の野党の中共に対する主張、そういう論調ばかりが日本のマスコミには載るけれども、当事者である一番肝心な台湾の主権を握っている蔣介石政権ならびに国民政府が、国連を追放されてから後、いかなる政策を展開するであろうかという論調は、一つもないでしょう。これが一番の日本のマスコミの弱点です。

毛沢東や周恩来がこういっているとか、郭沫若がこういっているとか、だから日本はこういうふうにしなければいかんとかいうことで、日本の訪中議員団とか、あるいは財界人が中共から帰ってきて、いわゆる中共側のスポークスマンとしての投割を果たしている。ところが国府は、国連こそ追放になったけれども、消えてなくなったわけじゃない。

いま国連は世界政治の上で、決定的な役割を果たすことができない。インド・パキスタン紛争のような大きな事件でさえも、国連は解決するなんらの力も持ち得なかった。

そのような国連から国民政府が追放されたということであって、国府の台湾島内における千五百万の住民に対する支配権力なり、あるいは各国と結んでいる外交関係は追放された後においても、少しも変わっていない。千五百万をバッチリ統治している蔣介石、国民政府は厳然として存在している。

その国民政府が一体これからどういうふうに台湾の運命を決定していくであろうかという推測なり展望なり、もう一歩突っ込んで、台北まで訪れて、国民政府の責任者に会って「国連から追放されたあとの台湾政権は、今後どういう世界政治を展開していくのですか」というインタビューを試みた日本のマスコミの記者さえもいない。どうして日本国民は、こういうことに不審の感を抱かないのか！　現在日本のマスコミにあらわれている論調というのは、ことごとく中共の代弁者となり下がっているか、またはアメリカ政府の中国と取り組む姿勢に対する論評か、日本政府がアメリカの顔色を見い見い行なっている対中政策か……、そういうことでしかない。したがって台湾問題の正しい理解の仕方というか、正しい将来の展望をくだすことのできない非常に偏った情報しか、日本人には知らされていないということが一番大きな問題点だと思うんです。

しからばなぜ日本のマスコミは、そういうふうに中共一辺倒というか、中共べったりの状況になってしまったかというと、私は次のように考えるんです。

第二次大戦前のヒトラーがやったミュンヘン会談（一九三八年、英国のチェンバレン首相、フランスのダラディエ首相、イタリーのムソリーニとドイツのヒトラーの四巨頭がドイツのチェコ侵略問題について会談したが、ヒトラーの大成功に帰し、翌年ドイツはポーランドに侵入して第二次世界大戦の幕が切っておとされた）の二、三年前に、ナチスが打った謀略が非常に参考になるんです。周知の通り、ミュンヘン会談でヒトラーは英国はじめフランス等のヨーロッパ諸国に対して、ドイツの要求をほとんどのませてしまって、歴史的大勝利を収めた。ドイツ国民から圧倒的歓呼の声をもって迎えられると同時に、ヨーロッパではヒトラーの力と外交手腕が大へん権威をもって認められ、ヒトラー個人はますます調子にのって、偉丈高になって、その余勢をかって第二次大戦の、ポーランドへの怒涛のごとき進撃になっていったわけですけれども、もしヒトラーが、ミュンヘン会談で、ドイツ国家にとって、あれだけの外交的勝利を収め得なかったならば、ヒトラーもドイツ国内における独裁者としてのリーダーシップを、あれほど強く確立できなかったわけです。したがってヒトラーにとってミュンヘン会談というものは、自分がドイツの覇者として成功するばかりでなく、ヨーロッパの覇者たり得るかどうかという大へんな試金石であった。したがってヒトラーはミュンヘン会談においてドイツと自分との成功を収めんがために、数年前から、ナチスの謀略諜報機関をあげて、大へんな準備工作に入ったわけです。

ヒトラーが諜報機関に命じて打った手はなにかというと、ミュンヘン会談の外交交渉の相手は英国とフランスである。英国およびフランスをして、ヒトラーの要求をいかにのませるかということを考えたわけです。ときの英国首相はチェンバレンであり、英国の政治というのは世論に支配されていた。世論をつくるものはなにか、それはマスコミだ。そこでヒトラーは英国の新聞で一番権威のあったロンドン・タイムズ、フランスのパリ・ソワール、この二紙の買収に取りかかったわけです。

ところがヒトラーの諜報員が帰ってきての報告によると、ロンドン・タイムズやパリ・ソワールを買収するためには、株の過半数を手に入れなければならない。そのために厖大な費用を要する。その予算というものは、ヒトラーにとって、あまりに厖大であった。メッサーシュミットその他の武器・弾薬、兵器をつくる費用のほうが、より大事であったために、新聞社を買収するほどの金がなかった。そこでもっと安く英国、フランスの新聞社を手に入れる方法はないか……。研究の結果、出た結論は、記者を買収するほうがずっと安あがりで、効果的であるという報告に基づいて、たちまちヒトラーはロンドン・タイムズとパリ・ソワールの政治記事をつくっている記者の買収に取りかかって、見事これを成功させた。

それ以来、ロンドン・タイムズおよびパリ・ソワールの記事は、日一日と「ヒトラーの英国、フランス、ヨーロッパ諸国に対する要求をのまない限り、ヒトラーは、第二次大戦に突入するであろう。したがってヨーロッパの平和を維持するためには、この際はヒトラーの要求をのんで、ヒトラーのヒステリックな攻撃精神を緩和させることにしかず」というふうな論調になっていき、やがてフランス国民も、英国国民も「ヒトラーの外交的要求をのむべし」というのが圧倒的世論になっていった。そのために、チェンバレンも、ついにヒトラーの要求を、ほとんどのんでしまって、ミュンヘン会談はヒトラーの思い通りになった。これは歴史的事実なんです。

それと同じ戦術を、周恩来はこの一、二年、日本に対して展開していると、はっきり言えるわけです。ご承知の通り、朝日新聞からはじまる日本の大新聞、テレビ局に今日どれほど中共の手先と考えられる連中がいるか、これらが一体いくらの金額で買収されたか、額は知らないけれども、今日の日本のマスコミを見れば、ちょうどミュンヘン会談が行なわれる以前のフランスや英国のマスコミの調子と実によく似ているわけです。

――大東亜戦争の前にも、日独伊が三国同盟を結ぶときに、ドイツ大使館が、日本の新聞記者を相当買収したというようなことを聞いておりますけれども……。いまあの当時の新聞を見ると、日独伊が三国同盟を結ばねばならぬような世論がつくられていますね。良識ある反対派は口を抑えられている。遠山さんのお説だと、周恩来の宣伝戦は日本で完全に成功していると思いますが、一方台湾のほうはどうですか。台湾の国府が国連から追放されてからも、日本人で台湾へ行っている人はたくさんいるんですけれども、その人たちも一般的な感想として台湾は冷静だということだけで、それについての具体的なことは一つも書いてないわけなんです。

遠山さんは小学校三年から中学三年まで台湾におられて、台湾は第二の故郷だということをある新聞で書いておられましたけれども、将来台湾の問題がどのように展開していくか、蔣介石総統あるいは国民政府の考えとか、台湾に住む人々の考えがあると思うのです。

遠山　いまのお話を二つに分けてお答えしましょう。

一つは台湾の統治権を掌握している蔣介石政権は今後どうするであろうかという点、二番目は台湾はどうあるべきかという点ですね。

まず先に、蔣介石政権はどうするだろうか。これだけ激動している、あるいは国連を追放されてからあとの台湾、しかももっとも関係の深い大陸の毛沢東政権は台湾を解放するといっている、この状況下で台湾政府はどうするだろうか、という点です。

日本のマジョリティというか、マスコミにあらわれる限りの大多数の書見は「台湾は中国固有の領土である」という周恩来の対日三原則のうちの第二条の主張が正しいと同時に、台湾は早かれ遅かれ時間の問題で、やがて中国に併合されてしまうであろうというふうに考えている。これが日本の政財官、文化、あらゆる界層における大多数の意見ですね。

ところがそれが日本では大多数の意見であるけれども、世界でいまの意見が大多数の国民世論になっている国はほとんどないということです。これはなぜかというと、日本では中共側の情報しか国民に知らされていない。偏ったマスコミの結果、そういうことが国民の大多数の意見になってしまっている。

私個人のコメントとしては、ロジックとしての周恩来の対日三原則、第二条の「台湾は中国の固有の領土である」とか、「ない」とかということは、しばらく脇において、現実問題として台湾が早晩中国のものになることはあり得ないということを断言します。

それは、仮に自分というものを台湾の支配者の立場、蔣介石総統の立場に置きかえてみれば、すぐわかることなんです。昨年の秋以来、周恩来はエドガー・スノーを使って、第三次国共合作を盛んに香港を通じて進めているとか、あるいは周恩来自身も、蔣総統親子が中国の台湾に対する領有権を認め、また国民政府が中国に協力を約束するならば、われわれは決して手荒い武力侵攻なんかしないで、蔣親子を終身名誉ある台湾の主席にし、台湾という島は特別自治省、あるいは自治区とし、その主席として遇するであろうというふうな、蔣親子をくすぐるようなことをいってますね。この毛・周の台湾に対する呼びかけが全くナンセンスだということは、ちょっと真面目に考えれば、わかることなんです。

第三次国共合作を呼びかける中共側の中身というのは、具体約にあげると、二つあるわけです。一つは台湾を中国の特別自治区とするということ、もう一つは蔣親子を終身そこの主席、あるいは総統の地位において、身分を保証するということですが、二つとも全くでたらめなウソだ。これはなぜかというと、中国共産党創立当初から毛沢東とともに生死をともにしてきた劉少奇を消してしまい、朝鮮戦争で赤軍勝利の原動力となった彭徳懐を消してしまい、しかも中国の憲法で「自分の跡目は林彪将軍だ」といったナンバーツーでさえ、今日、行方不明である。毛沢東の政治というものはどれほど自分の同志を粛清してきたかという歴史的事実、あるいはかつて国民政府から中国に投降した李宗仁もどう処分されたかわからない。

ましてや蔣介石は五十数年間、彼の一生の半分も毛沢東に盾ついてきた。その蔣親子をなぜ毛沢東が生涯台湾省の主席として遇するということを信ずると思うのかどうか、そんな馬鹿げたことがあるか……それが一つ。

二番目の台湾を特別自治省とするということですが、一体世界中の国で、メインランドが共産主義で、離れ小島が自由資本主義制度という国があるかどうか……。これをひっくり返せば、日本本土は九州までは資本主義体制で沖縄だけが共産主義という日本という国が、世界中にあり得るかどうか。こんな馬鹿げたナンセンスを日本の一億の人たちは、なんら疑問をもつことなく、第三次国共合作がやがて成立するであろうと信じているほど、今日の日本国民は寝ボケて、敗戦ボケがいまだに治っていないということですね。ただ、これは日本政府ばかりでなしに、キッシンジャーやニクソンまでがボケている。

「台湾の問題は、中共と国民政府の主席同士の話し合いによって解決することを期待する」というコメントを、キッシンジャー、ニクソンが昨年発表したでしょう。馬鹿も休み休み言えというんです。中共と国民政府首脳との両者間で、話し合いが行なわれ得るのかどうか……。

そんなことを期待するから、いまの周恩来側のエドガー・スノーを通じての第三次国共合作が進んでいるという、全く中共側の一方約な宣伝を信じ込んでいる発想から、そういうコメントが出てくるんですね。私の知っている範囲内では国共合作のウワサというのは、中共側からの一方的宣伝であって、これに国民政府のほうが応じているなんていうことは、一つもないんです。

そこで、いまあげた二つの理由から、現在たとえ国連を追放されたとはいいながら、千五百万の島民を微動だにせず統治している蔣介石政権にとって、中共に併合されてしまったり、消されてしまったりするなんていうことは、少しも考えられないことで、現状を続けていようと思えば、まだ数年続けることができると、私は思うんです。

しかし、アメリカのいまのニクソン大統領なり、ホワイトハウスのトップクラスの人たちは、台湾問題、あるいは中国問題なり、アジアに対して、あまり知識がないですから……。

仮に米中和平の機運が進んで、台湾からアメリカが手を引くというようなことになれば、国民政府としてもっとも脅威を感ずるのは、中共からの軍事的攻撃ですね。したがってこの自己の生存というか存在のためには、おそらくソ連との軍事同盟というところまで発展するであろう。こういうふうに私は思いますね。

――いまのところはアメリカも古い友人との約束は守るといっていますし、国民政府もやや懐疑的になってはいても、アメリカを信用するしか手はない。いま中共が台湾を武力解放するとは考えられないでしょう。

遠山　ただアメリカの第七艦隊が東シナ海から引き揚げ、台湾にいるアメリカの軍事顧問団が引き揚げたならば、中共はあるいは武力解放できるかもわかりませんね。そういうあり得る武力侵攻の危険性を食い止めるために、台湾とソ連との軍事同盟というものが大きな可能性になってくるであろう……。私が蔣介石ならばそうするということです。

――キッシンジャーが十年くらい前に、ハーバード大学の教授をしていたころに書いたものによると、米ソの双極だけの国際政治体制でいくと、非常に不安定で金もかかるし、アメリカが自由陣営のチャンピオンとして、各国に対する役割を果たしていくことは得策じゃないということを書いているんです。キッシンジャーがニクソン大統領についてからのアメリカ外交をみていると、まさにキッシンジャーの理論を実験に移している感じです。一昨年ですか、ニクソン・ドクトリンを声明して、アジアからなるべく手を引くとか、世界の自由陣営の中でも任せられるものは他へ任せて、少しでも肩の荷を降ろしていきたい。そのためには米ソの双極だけの体制で競争するのではだめなんだ。多極化現象を起こして、その中でニクソン・ドクトリンを果たしていくのだと。そういうようなことから考えると、去年の十月に国連で台湾が追放される議決の当日に、キッシンジャーは中共へ行っているわけですね。そういうものが台湾の国連追放のアルバニア案にずい分加担した面があると思うんです。

そうした、ニクソン、キッシンジャーの考えからいくと、台湾をある程度犠牲にしても、中共と取引して、インドシナ全域から徐々に手を引きたいという政策のあらわれが感じられるんです。だからニクソンは台湾との友人関係は捨てないといっているけれども、どうも国連から台湾が追放されていく過程をみていると、果たしてそれだけ信頼していいものかどうか。それから台湾へいろいろ行っている人の話を聞くと、台湾はあまりアメリカを信じていないのではないかという空気があるわけです。

もちろん信じなければ、成り立たないでしょうから、全面的に信じないというわけではないけれども……。そういう気持ちがあって、台湾がアメリカを見ているとすると、台湾の存立というものは、非常にむずかしくなってくるのではないか。それだからといって、さっきいったように、台湾政府がソ連と組むような話にもっていくことは、あまりわれわれとしては希望しないわけなんですけれども、そのへんのところはどうでしょうか。

遠山　台湾がソ連と同盟を結ぶことが、日本にとって利益か、不利益かということになると、むずかしいんですよ。ただ、はっきりいえることは、ニクソンおよびキッシンジャーの二人のコンビのアジア外交は、全部失敗だということです。キッシンジャーは、コンピューターみたいな非常に頭の切れるシャープな男だといわれておりますが、私はそうは思いません。キッシンジャーの最大の弱点は、東洋を理解できないということです。ドイツ系のユダヤ人で、ヨーロッパのことには詳しいでしょうが、東洋のこと、とくにアジアの心、アジア人の心というものをぜんぜん理解していないんですよ。だからキッシンジャーのサゼッションに基づいて、ニクソンが下してきたアジア政策というものは、ことごとく失敗ですね。

最近の大きな失敗はインド・パキスタン戦争でしょう。ベンガルのナショナリズム独立に反対するような中共に加担して、パキスタンを応援した。インド・パキスタン戦争は、完全なソ連の勝利ですよ。これもキッシンジャーおよびニクソンがアジアを知らない結果であって、パキスタンから隠密裡に北京に乗り込んで、米中和平のきっかけをつくったキッシンジャーのやり口、あれ以来アジアの諸国はどういう反応を示したか……。

まずタイではたちまちアレルギー。それから韓国ではせっかく赤十字を通じて北鮮との和平ムードが高まりかかっていたのが、逆に軍政強化でしょう。日本人はアメリカを信用することはできないという状況でしょう。台湾にとってはキッシンジャーの二回目の北京乗り入れが国連追放を決定的にさせたわけですよ。そういうふうにアジアには平和がもたらされたどころか、逆にキッシンジャー、ニクソンのアジア政策によって、緊張が激化している。

それともう一つ、これは日本もそうですけれども、日本と台湾と韓国というものは、いうなれば、日本の野党がいるように、アメリカのメカケ的存在でしょう。安保条約体制のもとに、アメリカの核のカサの下で……。したがってアメリカのアジア外交、あるいは世界外交の鼻息をうかがい、うかがい、自分の国の外交政策を立てていかなければならないというところに非常に悲劇があると思うんです。だから台湾がアメリカの核のカサから離れて独自でソ連と軍事条約を結ぶというような事態になった場合、アメリカはあわてふためいて、むしろ日本や韓国をもっと大事にするのじゃないかとさえ思える節があるのです。

たとえば日本の反共陣営の人々は、台湾がソ連と軍事同盟を結んだら、台湾が赤化されるのじゃないかという憂いがあるかもしれませんが、ソ連は最近は中共なんかよりもずっと大人になってきているし、革命の輸出ということはそう考えていないですね。ソ連はむしろ非常にビジネスライクになってきているし、台湾の主権は尊重しようと……。ただ、ソ連が台湾に求めることは、澎湖島あたりに海軍の軍事基地がほしい。この軍事基地をもらえるならば……。

ソ連がインド洋からマラッカ海峡を越えて、東シナ海からずっと日本海にわたって、海軍の制海権をほしいというのは、ロマノフ王朝以来の数世紀に及ぶロシアの悲願でしょう。南のほうに不凍港がほしい。南に不凍港がなかったからこそ、日露戦争でロシア艦隊やバルチック艦隊が遠くインド洋を越えてきたために、東郷元帥に見事に日本海でやられちゃったわけですね。今日未だにウラジオストックしかない。それが澎湖島に、あるいはインド洋に基地ができれば、ロシアの海軍力はアジアにおいて強くなる。中共包囲網を完成することは、ロシアの宿願である。したがって台湾がロシアに海軍基地を提供する見返りに、ロシアはアメリカが台湾に援助しているより以上の数倍の経済援助を与えるでしょうね。

ロシアにとっては、台湾を共産化するとか、自由化するとか、台湾の内政というのは、あまり関心がないというふうにみられますね。

それから米ソ二極の世界政治だとか、あるいは多極化とかいうお話がありましたが、そういうことでなしに、現在はかつての米ソの二極による世界政治の動かし方ではなくて、大国が小国を動かしていく世界政治の段階から、小国が大国を選ぶ時代になってきているというのが、私の見方なんです。つまり小国が、自分の国に対して、どの大国がより多く経済援助してくれるか、よりよけいサービスしてくれるか、自分の国によりよくしてくれる大国を選ぶ時代になってきている。そのいい例が中東のイスラエル・アラブ戦争であり、またこの間のインド・パキスタン戦争である。アラブの諸国は、たとえばヨルダンという国から見れば、アメリカとソ連と中共と、どの国がよりサービスをしてくれるかということで大国を選ぶ。したがってイスラエルと対立しているアラブ諸国の中で、シリア、レバノン、ヨルダン、アラブ連合、イラン、イラクといった、いろいろの国の中で、ある国はアメリカと結ぶ、ある国はソ連と結んでいる。

こういう複雑な現象は小国が自分の国にサービスしてくれる大国を選んでいる証拠です。主導権はいまや、小国に移っている。原水爆によって、世界戦争は起きないけれども、通常兵器による戦争はいくらも起こり得る。したがって小国は自分の国のナショナリズム、自分の国のナショナルインタレスト、どちらの大国がより多く自国に利益をもたらすかということで大国を選ぶ時代になってきている。

そこでいま台湾の独立を維持するために、あるいは中共に併合されてしまうという危険を感ずるときは、私が蔣介石ならば、アメリカが頼りにならなければ、日本も頼りにならない。日本の自衛隊なんて軍隊じゃないから、日本の防衛力というのはゼロですよ。そりゃ、いま六、七十万国民政府の軍隊はあるけれども、これでは中共の数百万の怒涛の進撃からは守れない。とするならば、これは「窮鼠ネコをかむ」心境で、ソ連に守ってもらう以外に、人間生存の本能のためには仕方がないでしょうね。と同様に、韓国だって、常に北鮮からの脅成を感じているわけですね。北鮮の脅威のうしろには中共がいる。アメリカが韓国の独立を保障してくれるという期待がもてなくなった場合、おそらく私が朴大統領ならば、ソ連によって、韓国の独立をお願いする場合だってないとはいえないと思うのです。

そのいい例がドイツです。西ドイツのブラントとソ連とが今度同盟を結んで、多年の懸案であったオーデル・ナイセの国境まで徹兵してしまった。あの西独とソ連との同盟というのは、全く東独の頭越しに行なったわけで、おそらく東独としては、西独とソ連との同盟を頭越しにやられて、非常にショッキングだったと思うんです。同じケースが北鮮の頭越しで、韓国とソ連が同盟を結ばないという保証は、誰もできないと思う。それが世界政治です。

——遠山さんのお話を聞いておりますと、アジアの緊張はますます高まっていて、非常に多角的な関係ができているということですね。これとは逆に、日本の政治家も経済人、マスコミも、国際緊張は緩和の方向に向かっているのだということで、だから中共ともどんどん国交回復してやっていかなければいけないのだという空気が強いわけですが。

遠山　それは私が冒頭にいった通り、日本のマスコミおよび政財界は一兵も損わずして、中共にほとんど占領されたに近いような状況ですから、私は日本は亡んでしまったといっているんです。絶望してるんですよ。三島由紀夫でさえも気違い扱いするほど、日本は落ちているんですからね。もはやわたしは日本に対してサジを投げている。ほんとのことをいえば、次々と大臣を首にしていっちゃう。ということは偽善とウソで固めてなければいけないということでしょう。ほんとうのことをいえば首だ。ウソでなければ、地位が保てないということは、わが国は偽善の国なんですよ。ほんとうのことをいうだけじゃなしに、ほんとうの行動に移って、死をかければ気違い扱いするでしょう。どうしたらいいのですか。もう日本を蘇えらせる処方箋を、私はもちませんよ。

――最後に台湾の問題に戻りまして、台湾はどうあるべきか、あるいは日本の国益からみて台湾はどうあってほしいかというようなことを……。

遠山　台湾はいかにあるべきかということですが、はっきりいえることは、世界政治の上で、現実的な影響力を発揮し得る力があるないは別にして、ともかく現在世界で公認されている国際機関として国連というものがあり、その国連で国民政府が追放されてしまっている。その国民政府の蔣政権というものの現在の姿は、変則的な立場であることは間違いないと思うのです。と同時に中国を代表する政府は中華人民共和国、すなわち中共であるということも、世界はもはや認めてしまった。そこでこの変則的な存在である台湾という国のあるべき姿は、マレーシア連邦のラザク首相がいっている通り、台湾に住む全住民千五百万の民意を問うことですね。

国連で台湾追放、中共加盟を決定したアルバニア案の賛成国でさえも、台湾は中国のものであるということを認めている国というのは、世界中でまだ少ないです。たとえばカナダ、英国、フランス、イタリア等の国々でさえ、まだ台湾は中国のものだということには、賛成していないんです。したがって台湾という島の帰属は中国のものだということを、はっきりいいきっているのは、十カ国以内でしょう。

百カ国以上の国々が、まだ台湾の帰属に関してはある国はペンディング、ある国は周恩来の主張はわかったというテーク・ノート、台湾の帰属はどうすべきか……ということになれば、いまいったマレーシア連邦のラザク首相のいう、台湾領土に住む全住民千五百万の住民投票を一刻も早く行なうということが必要だと思うんです。

そのラザクが東南アジアの中立化溝想を打ち出してますが、それに対してソ連は全面的に賛成だといってます。そのラザク首相が打ち出している東南アジア中立化溝想の一つとして、台湾の帰属は、そこに住む千五百万の全住民が住民投票して決めるべきであると……。

　ご承知の通り、台湾の千五百万の人間の中には昔からそこに住んでいる千三百万の台湾民族と、大陸からやってきた国府の中国人二百万と、二十数万の原住民である高砂族と、だいたい大きく分けて三つですね。その千五百万の住民の民意を問うて、台湾の帰属を決定すると……。住民投票の仕方というのは、簡単に台湾住民は中国に併合されることを望むか、あるいは新しく独立国をつくることを欲するか、この二点をフェアに、全世界注視のうちに、きれいな公明正大な選挙をやれば、いいんですよ。フェアに選挙をやってごらんなさい。九九％は独立を欲するという答えが出るから……。

　独立の中身は、蔣介石が依然として統治するか、誰か別の人が選ばれるかは、それこそわれわれ日本人としては内政干渉ですから、独立の中身までは、外国人はいうべきではないんですよ。独立した国の政権を蔣介石が握るのか、台湾人が握るのかは、彼ら同士の政治力学が決定しますよ。投票してからあと、どういう憲法をつくるか、どういう政治制度を採用し、選挙でいくか、独裁制度でやるかは、千五百万の住民が決めればいい問題です。その結論がもっとも正しい、世界中の誰もが反対できない解決案だと思うけれども、これを一番遅らせているのは、当事者である蔣介石自身が「台湾は中国固有の領土である」という周恩来、毛沢東のフィクシヨン、これと同じ立場に立っているがゆえに、台湾問題の明快な解決を遅らせているというのが現在の悲しむべき現実なんです。

台湾はどこへ行く

『諸君！』昭和47年4月号

昨年十月の国連総会で、アルバニア決議案が通り、中国の国連参加と台湾の国連からの追放が決まってからこのかた、台湾という国家が今にも消滅して中共に併合されてしまうかのような論議が日本のマスコミをにぎわしている。

その論調の大部分は、一日も早く周恩来首相の要求する対日三原則、すなわち、

(1)中華人民共和国は中国を代表する唯一の政権である。

(2)台湾は中国固有の領土である。

(3)日華条約を破棄すべし。

の三つを日本が受入れて日中国交正常化をはかるべし、という主張であるが、肝心の台湾自身が自国の将来の運命をどう考えているかという考察が全く行われていない。アメリカと日本が台湾を見捨てれば、明日にも亡くなってしまいそうな調子である。

果して台湾はどうなるかということを論ずる場合、見落してはならない最も重要な要素は、台湾の権力者・蔣介石、国府、およびその住民千五百万が、どういう行動をとるかということである。

一家の命運を決めるのはその家の主人であることは、各人が家庭を顧みれば一目瞭然である。例えば会社員が今の会社をやめて独立の商売をするか、あるいは一家解散するか、またはあき

らめてサラリーマンに徹するかを決めるのに、会社の上役や同僚、親達の意見をきくことはあるだろうけれども、最終的に決定するのは主人である。このわかりきったことを少しも理解できないのが、日本のマスコミの中国論議、台湾論議である。

結論から言おう。日本のマスコミには気の毒だが、台湾は決して中共のものにはならないということである。それを説明するのがこの小文の目的である。

米中融和の副産物

一般的に、台湾の将来の具体的な可能性として考えられ得るのは、次の四つのケースであろう。

(1)中共に併合される。
(2)台湾が独立する。
(3)今のまま国民政府として続く。
(4)台湾が中国全土を支配するようになる。

このうち可能性が最も大きいケースとして、日本のマスコミは第一をあげるが、私に言わせれば、逆に、可能性が最も少ない、というより絶対にあり得ないのが第一のケースである。

なぜそうなのかを論ずるには、まず最近のアジア情勢の再検討から始めねばならない。

ニクソン訪中発表以来、日本では政府・与党はもちろん、野党もマスコミの論調も、アジア情勢は緊張緩和に向かいつつあるという見方が支配的であるが、私は全く反対である。私はニクソン、キッシンジャーのコンビによる米中の接近は、むしろアジアの緊張を激化させたし、今後もそうした要素が強まるとみる。私はすでにニクソン訪中声明の直後に、この見解を発表した。その一部は、「ニクソン訪中への疑問」との題で雑誌『自由』昭和四十六年十一月号に掲載されたが、その中で私は、

「米中会談は大国エゴイズムの野合以外の何物でもない。この会談からは、人類の明るい未来を約束するものは何一つ期待出来ないばかりでなく、むしろ新たな緊張をもたらすであろう。」

と警告したのである。もしニクソン訪中の構想が、本当に国際平和や人類の将来を真剣に展望した結果であるのなら、必ずアジア各国から歓迎を受けるか、歓迎されないまでも反対することの出来ない大きな説得力を持ち得たはずであった。ところが、この訪中プランは実際のところ、ニクソンの選挙目当ての発想からのスタンド・プレーであり、かつまた小国の利益を頭から無視する大国のエゴイズムむき出しであったがために、アジアの各国は一様に動揺、もし

くは反発した。タイ国は、中共派の活動激化を警戒して、いち早く戒厳令を布き、軍政を復活した。韓国でも、せっかく北朝鮮との間に赤十字の交流が始まろうとしていたのに、あわてて言論統制に逆戻りしてしまった。これらは、アメリカの影響下にある自由主義国家群の反応だが、共産陣営においても、北ベトナムが、米中会談によって、北ベトナムの頭越しにベトナム戦争の解決が話し合われてはかなわんと、地上戦を激化させ、その結果として米軍の北爆再開を招いてしまった。これらいずれを取っても、米中融和の副産物であることは歴然としている。現実にアジアの緊張は激化しており、今後、いつ、いかなる場所で何が起こるかわからない情況である。

なかんずく、典型的な見本は、昨年十二月の印・パ戦争である。ベンガル問題をかかえ、カシミール問題で宿命的な対立関係にあるインドとパキスタン。そのパキスタンの領内からキッシンジャーが北京へ飛立ったことが米中融和の始まりであったわけだが、このインドを逆なでするようなやり口に、ガンジー首相が刺激を受けないはずはない。ガンジー首相が一転して、モスクワと実質的には軍事同盟であるソ印平和友好条約を結んだのも、米中融和によって追いつめられたガンジーのせっぱつまっての戦略とみるべきである。

しかし、その段階では、ガンジーにはまだパキスタンと一戦をまじえるだけの自信はなかった。そこで、昨年十一月のワシントン行きに続くヨーロッパ、ソ連への訪問となったのだが、肝心のアメリカが北京にばかり気をつかい、ガンジーをすげなく追い返したのに対し、ソ連は「ウェルカム・ガンジー」で軍事援助の約束を与えるなど大歓迎した。

一方、国連だが、この国際機関は、米、ソ、中三大国の三すくみで、国際紛争の調停能力の決め手を失ったとガンジーはみた。そこでインドは、短期決戦の戦略で、ベンガル問題の解決のため武力行使に踏み切ったのである。

これが、ネール以来培ってきた非同盟政策の結論だったのだが、米中ともに、よもや印・パ関係は戦争にまでは及ぶまいと、たかをくくっていたに違いない。結果は、インドをソ連に追いやり、ソ連にインド亜大陸に進出する絶好の機会を与えたばかりか、アメリカはベンガルの独立という〝民族解放民族自決〟に背を向けたということで、アジア諸国民の信望を大きく失ってしまった。アメリカは、いわば二重の過失を犯したことになる。

小国による選択の時代

ここで台湾問題に戻ろう。印・パ戦争では、追い込まれたガンジー首相の起死回生の一大博打が見事決まったのであるが、台湾はどうか。国連で台湾追放が決議されて以後の蔣介石の立場は、頼みとする米国や日本からも見放されかかっている点では、インドのガンジー首相以上の追い込まれ方といってよい。その蔣介石にとって、インドが印・パ戦争の際に示した選択と勇気ある行動は、はかり知れない程大きな将来への指針になったと私はみる。

蔣介石の目に、インドを徹底的に支持し、バンクラデシュの独立に対して絶大な援助をしたソ連の姿が、大きくクローズ・アップされたであろうことは想像に難くない。

同じことはソ連の側からも言える。米中が接近すれば、最も孤立感にさいなまれるのは、言うまでもなくソ連である。だから、ソ連は、印・パ戦争では、パキスタン側に立つ米中に対抗してインド側についた。そしてガンジーの勝利によって米中に一矢を酬いた。

中ソの対立は、もはや兄弟国としての同じ共産圏内のコップの中の嵐というような生まやさしいものではない。ソ連の目標は中共包囲網の完成であろう。そしてインド亜大陸でまず中共の進出を食い止めることに成功した。そのソ連にとって次の戦略目標は極東である。そこには、台湾がある。これまでの強力な同盟国であり、スポンサーであった米国や日本から見放されようとしている孤立した台湾。「もしアメリカがつれない素振りをするなら、どうかこちらへお出で下さい。全面的に協力しましょう。もちろんソ連と同盟したからといって、台湾の社会主義化なんかは要求しません。内政には絶対干歩しないばかりか、大いに経済協力致しましょう」と、恐らくソ連はこう言って台湾の蔣介石を勧誘することであろう。

これは台湾にとって大いに魅力ある誘惑であろう。もともと、蔣介石の長男、蔣経国副首相はソ連で教育を受け、夫人もソ連人であり、ソ連に知人も多く、ソ台同盟の可能性を増幅させる要素としては申し分ない。中共側が盛んに流している国共合作に応じることは、蔣介石にとって死を選ぶ以上にたえられないことである（これは後で詳述する）以上、アメリカが頼りにならない場合、ソ連と結ぶことのほうがはるかに現実的である。

このような問題提起は、外電が報じた『ロンドン・タイムズ』の七二年元旦の社説でも、新しい世界情勢のとらえ方として裏付けている。

タイムズ社説は、七〇年代の国際間の問題は、これまでと違って脱イデオロギーが特色であること。その前提に立って、領土権や少数民族の権利がこれまでとは比較にならないほど強く主張されるようになってきたこと。そして、大国であるがゆえの小国に対する決定的な支配権がなくなり、「大国は何よりもパトロンとして活動する能力によって判断される。彼らは、小国を勇気づけ、保護するように期待され、もしこれに十分に応じなければ、小国はもっとよくしてくれる国を求めるようになるだろう。第二次大戦後の国際関係は、バランスの上に成り立っていたが、印・パ戦争と六七年のイスラエル対アラブ諸国の戦争が、そのバランスという仮説を紛砕した」と指摘しているが、注目すべきは、こうした傾向が、最近の中国と米国との関係の変化によって、大きく刺激されたと喝破している点である。

そして、台湾にとっての将来の選択は、『ロンドン・タイムズ』ではないが、米ソ両大国のどちらが「小国・台湾を勇気づけ、保護してくれるか」を冷静に見極めたすえに決定するであろう。これこそ台湾が、脱イデオロギー時代の国際政治から、直接的には最近の印・パ戦争から学んだ大いなる教訓でなくして何であろうか。

即ち〝大国による支配の時代は終わった。いまや小国による選択の時代である〟。台湾は第二次世界大戦後二十七年にして初めて世界政治の中で、どの大国を自ら選ぶかのキャスティング・ヴォートを握った、と言っても言いすぎではあるまい。

台湾の次は韓国

アメリカのアジア政策の最大の誤謬は、かの故ダレス国務長官が唱えたドミノ理論である。ベトナム戦争にしても、ベトナムが赤化したら、次はラオス、次はカンボジア、タイ、マレーシア——と順々に赤化の危険にさらされていくというアメリカの恐怖感から出発している。ベトナム人の胸底に流れる真のナショナリズムについてアメリカが無知であることが、あのドロ沼戦争をもたらす原因となっている。

不幸にしてアメリカは、まだ本質的にはこの欠陥に気づいてはいない。ただ、ベトナム戦争により、著しく国力を消耗し、国民に厭戦感を与え、インフレを招き、そして根本的にはアメリカ人の心の拠りどころであった〝自由〟と〝祖国愛〟についても懐疑を抱かせ、魂の荒廃を招くようになったことから、この戦争がアメリカにとって失敗だったことを認めただけである。

だが、アジアにおいて、なすべからざる戦争であった、との根本的認識は未だアメリカにはない。そもそも、ニクソンの訪中発表にしても、その発想は、これでベトナム戦争がやめられるのだという印象を米国民に与え、それによって、来るべき大統領選挙を有利にしようとの国内向け宣伝からきている。

ベトナムとアメリカの和平は、パリ会談で北ベトナムの出している七項目の要求をアメリカが呑まないかぎり成立しないことをアメリカは知るべきなのだ。もし中共がアメリカの望むように、北ベトナムへの説得、もしくは圧力をかけるならば、北ベトナムは敢然として中共の干歩を非難し、その影響下にあることを拒否するであろう。それが北ベトナムのナショナリズムであることをアメリカは未だに知らない。もし知っていたら、ニクソン訪中などという発想は初めからニクソンの頭の中で起こらなかったはずである。

米中会談こそは、大国同士で話し合えばアジアのすべてのことは解決させ得る、小国の意思は二の次であるという米中双方に共通する大国のエゴの露出以外の何物でもない。したがって、もし米中会談で、ニクソンの面子の立つようなベトナム戦争終熄を実行するための中共の協力と引き換えに、台湾に対する中国の宗主権をアメリカが認めることにでもなれば、米中双方とも蔣介石政権と台湾住民から手痛い報復措置を受けるであろう。それがソ連と台湾との同盟であることは先に述べたとおりである。

とするならば、アメリカは一体、米中会談で、実りある、いかなる果実を取ろうとするのか。せいぜい台湾問題は抜きにして、記者交換とか、日中ですでに成果を得ている通商拡大程度しかあるまいと私はみる。

ベトナム戦争でベトナム人のナショナリズムをつかみ得ないアメリカは、印・パ戦争ではベンガル解放の精神をくみとることに失敗した。もし、米中会談以後の推移で、台湾をソ連に追いやるようなことになれば、次は韓国の番である。ヨーロッパで、東独の頭越しに西独と交渉することに成功したソ連は、アジアにおいて北朝鮮の頭越しに韓国と交歩するくらいの芸当は朝飯前である。ここでも、脱イデオロギー時代における小国の選択権の拡大という新しい国際関係がものを言いそうである。台湾の次は朝鮮――これこそ皮肉にもアメリカの言うドミノ理論のとおりではなかろうか。

台湾は中国の領土ではない

さて、私はこれまで「台湾は絶対に中国のものにならない」ということを最近の国際情勢の変化の中から説き進めてきたわけであるが、「中国のものにならない」どころか、歴史的にも〃台湾は中国の固有の領土ではなかった〃ことを、周恩来には申しわけないが、毛沢東主席の過去の言行の中から証明したいと思う。それは毛沢東みずから、かつて朝鮮と台湾を〃中国の植民地〃と規定して、その独立を熱烈に支援すると、はっきり表明しているからである。

その出典はかの有名なエドガー・スノーの書いた『中国の赤い星』である。この中で毛沢東は次のようにはっきり述べている。

「私たちは中国の以前の植民地を取り戻すわけではありません。……もし朝鮮人が日本帝国主義の鉄鎖からのがれたいと望むならば、私たちは彼等の独立闘争に熱烈なる援助を与えるでしょう。台湾についても同様です」と。

これは一九三六年七月、エドガー・スノーが、はるばる中共の根拠地・延安まで出向き、毛沢東の家で取材したレポートである。

また、日本の外務省が編集した『毛沢東主要言論集』にも、毛沢東は、「中国と日本の人民および朝鮮、台湾などの被圧迫民族との反侵略統一戦線を樹立し、共同して日本帝国主義に反対する」と述べており、台湾民族を中国人とは別個に扱っていることが歴然としている。

さらに、中共も加盟していたかつての国際共産主義組織・コミンテルンは、中国にも日本にも属さない台湾共産党を公認し、台湾を一個の独立した（もしくは独立すべき）国として扱っていたのである。台湾は、かつて、スペイン、オランダ、清朝、日本など〝外国〟の征服によって植民地となったことはあったが、未だかつて中国の固有の領土だったことは一度もないのである。

したがって今日、周恩来が対日三原則を持ち出して、日本に対し、日中国交回復交渉の〝入口〟のところで「台湾は中国固有の領土である」ということを認めさせようとしているのは笑止千万である。

一体、周恩来は親分・毛沢東の言ったことを知っているのだろうか。知っていてなお恬然としているとすれば、図々しいもいいところだし、知らないで大見得を切っているのなら、少しは毛語録を勉強すべきであろう。だが、私がもっとも嘆かわしいと思うのは日本のマスコミであり、政・財界の態度である。周恩来から対日三原則を突きつけられたら、当然日本側は、

「敗戦の結果、サンフランシスコ平和条約で、わが国は台湾に関する領有権を放棄した。したがって、その帰属については何ら日本には発言権がない」とだけ言うべきであり、実際にそれ以外に、何の発言権もないのである。

にも拘らず、それを、まるで一辺倒で、「イエス、イエス」と周三原則になびいてしまって、一人も異議を唱える者がいない。これでは千二百万の台湾人から永久に恨まれ、蔣介石からは完全に軽蔑されるばかりか、喜ぶはずの周恩来からさえもなめられているだけである。

現在、台湾の帰属について中国の言いなりになっているのは、中国の援助を受けているアルバニアと、アフリカの二、三国だけである。昨年秋の国連総会でアルバニア案に賛成した国々、たとえば英国、フランス、イタリア、カナダ、オランダなどでさえも「中国を代表する唯一の政府は中華人民共和国政府である」ことには賛成しても、第二条の「台湾は中国の固有の領土である」という主張に対しては決して「イエス」とは言っていない。せいぜい「まだペンディングですから……」(英国)といなしたり、「そちらの言い分だけは留意(テーク・ノート)しておきましょう」(カナダ、イタリア)と言ったりであって、それで立派に国交の正常化が行なわれているのである。

周恩来のウソとデマはまだある。彼は繰り返し、「アメリカ帝国主義と佐藤政府が台湾独立の陰謀をたくらみ、支援している」と言っているが、日本政府には台湾独立を支援するような根性のある者は一人もいない。ニクソンの顔色をうかがいながら、北京にゴマをすっているのが現状なのに、どうして台湾独立を支援するなどということができようか。反対に、台湾独立運動に挺身する多くの台湾人が今日まで、どれだけ日本政府から弾圧されてきたことか。弾圧されたことは数限りなくあるが、支援されたことは、ただの一回もないのである。したがって、周恩来が「佐藤政府が台湾の独立を策している」と言えば言うほど、蔣介石と台湾人は、「冗談言うな。日本政府はへっぴり腰で台湾から遠ざかろう、遠ざかろうとして機会をうかがっているだけじゃないか」とせせら笑い、ますます周恩来を馬鹿にするだけである。

国共合作はあるか

第三次国共合作ということがまことしやかにささやかれている。昨年北京を訪れたエドガー・スノーに対し、毛沢東が「台湾の平和的融合がもっとも望ましい」と語り、それをスノーが『ニューヨーク・タイムズ』に掲載した事実や、周恩来もこれを受けて、「蔣介石総統が、台湾の宗主権が中国にあることを認め、中台融合に同意するならば、台湾を特別自治省にし、蔣介石親子を終身主席にするなど名誉ある地位を提供する用意がある」ということを米国の元外交官、S・サービス氏に述べたと伝えられているが、こんな提案は、蔣介石にとってナンセンス以外の何物でもない。

四十年以上も生死を共にしてきた毛沢東の革命の同志・劉少奇はいまどうなったか。朝鮮戦争のとき、義勇軍を率いてアメリカと戦い一歩もヒケを取らなかった赤軍の育ての親・彭徳懐はどうなったか。みんな粛清されてしまったではないか。ごく近い例では、憲法を改正して毛沢東の跡目相続人とされていた林彪副主席は昨年九月以来、行方も知れず、失脚は決定的と伝えられている。その他、毛沢東に粛清された中共の要人は数限りなくある。まして蔣介石は生涯をかけて毛沢東に敵対してきたのである。台湾を特別自治省にするなんて、でたらめにも程がある。どこの世界に、一つの国の中で親大陸は共産主義体制、一つの離れ島だけは資本主義体制などということがあり得よう。八十四年の人生を、多くの危難と権謀術数の中で闘い抜いてきた蔣介石にとって、こんな児戯に等しい毛・周派の猿芝居が見抜けないわけはない。

それは蔣介石自身が台湾民族の自決を否定し、「中国は一つ」と主張してきたために、第三次国共合作が取り沙汰されるのである。

とにかく第三次国共合作なんてことは中共側の一方的宣伝であり、実現の可能性は全くないし、台湾住民にとっては何の関係もない絵空事でしかない。

しからば台湾はどうなるのか。
第一章で述べたように、台湾の将来の可能性として、私は、
(1)中国のものになる。
(2)台湾が独立する。
(3)現状を維持する。
(4)台湾が中国全土を支配する。
の四つのケースをあげた。このうち(1)は絶対にあり得ないことは再三述べた。また(4)のケースも考えられない。とすれば、(2)、(3)の二つのケースだけとなる。そして、これからの米中の出方、およびソ連の動向が大きくものを言うだろう。しかし、それにも増して何よりも決定的に重要なことは、現実に台湾を支配している蔣介石国府と千五百万の住民の意思である。

勇敢に戦った台湾人

外務省の調べによると、台湾の一人当たり国民所得は一九七〇年で二百九十二ドルであり、これはアジアでは日本を除けば、シンガポール、マレーシアに次いで三番目である。この台湾を併合しようとしている中国のほうはといえば、同年推定でわずか九十四ドルで、台湾の三分

の一という低水準にすぎない。貿易額からいっても、八億の民を擁する中国が一九七〇年に四十二億二千万ドルだったのに対し、人口では五十分の一にも満たぬわずか千五百万人の台湾が三十億ドルをあげているのである。この二つの数字だけによっても、台湾島の生活水準、教育水準、工業水準が大陸中国よりすぐれていることが推察できるのである。すでにより高くなっている者が、低いほう（頭数は圧倒的に多いが）に併合され、低いほうの水準にならされることを喜ぶであろうか。答えは自明である。

台湾の独立に情熱を注いでいる私がはっきり断言できることは、いまの台湾住民の中で、台湾が中国に併合されることを望む者は一人もいないということである。かつて第二次大戦に、台湾人は朝鮮人と同様に日本人として扱われ、徴兵制の適用を受けて、日本軍人として勇敢に戦い、十数万の犠牲者を出した。その朝鮮人は今日、独立国家を持っている。〃台湾独立〃こそは、台湾人にとってまさに悲願なのである。

昨年、マレーシア連邦が東南アジア中立化構想を打ち出した。これに対し、ソ連は全面的に賛意を表明した。そのマレーシア連邦のラザク首相は台湾に対し、次のような提案をしている。「台湾の帰属は、そこに住む千五百万の全住民の民意を問うて決定すべきである」と。

私はこの提案に満腔の賛意を表する。これこそ国連憲章の第一条で高らかに謳われている

「植民地解放」「民族自決」にかなう解決方法である。

台湾は一日も早く、全世界の注目の中で、住民の自決を問う投票を行なうべきである。

遠山台湾独立後援会会長とともに戦おう

王育徳

『台湾青年』昭和47年8月号

台湾独立後援会の設立総会にて挨拶をする筆者（昭和46年）

田の質問と佐藤の答弁

前通常国会の昭和四十七年六月六日の参議院外務委員会で、社会党・田英夫議員が佐藤首相に対し、台湾独立運動を取締れと要求し、さらに台湾独立後援会会長のラジオ関東社長遠山景久氏の失脚をねらって誹謗中傷したことは、中共一辺倒の社会党がわれわれに対して、いよいよ露骨な攻撃をかけてきたことを意味する。

北京は最近までことさらに台湾独立運動を無視する態度をとってきたが、七〇年一月に台湾独立連盟が世界的規模に成長発展し、彭明敏博士が台湾を脱出して独立運動に参加するといった状勢にあわてて方針を一変し、『北京週報』や北京放送などで大きく問題にして、悪罵漫罵を加える一方、日中友好協会や国際貿易促進会などの諸団体に指令して、日本人側からも非難させる挟撃作戦に出た。その一環として、今回の田英夫の質問となったのであろう。

その大要を「外務委員会会議録　第十四号　昭和四十七年六月六日　参議院」から抄録してみると、

王育徳氏は台湾から日本に亡命し、明治大学で教鞭を執っていたが、昭和三十五年に「台湾青年社」を設立、機関誌『台湾青年』を発行して、台湾独立の啓蒙運動を始めた。

「台湾青年社」は後の「台湾独立建国連盟」の母体となる。

田英夫　台湾独立運動はいま総理のいう日中関係の改善の大方針の中で、きわめて具体的な障害になる問題だと思う。私は去年中国へ行ったが、中国の要人、幹部は必ずといっていいくらいこの問題にふれて、それが東京で、日本を中心にして行なわれていることを指摘して、非常に遺憾であると警告している。このことを総理はどう考えるか。

佐藤総理　蔣総統も毛主席も中国は一つだ、他国がとやかくいう筋合いのものでないといっている。私はそのとおりだと思う。ことに日本は戦争に負けて台湾・澎湖島を放棄したのだから、いまさらその独立運動に加担する筋合いのものでないし、またしてはならない。私自身が運動に加担しておるという非難はどこからもないと思う。

佐藤首相は意識的か無意識的か、台湾人のことはふれまいとしているのに、

田英夫　実は三月十六日の外務委員会で、福田外相に尋ねている。福田外相は「そういう運動をする人に対しては、厳にそれをせざるように誘導する」あるいは「厳にこれを戒めている」といったが、総理はどういう措置をとられるのか。

と追及の手をゆるめない。

佐藤総理　先ほどの外相の答弁よりももっと積極的に必要な措置をとるべきじゃ

ないかと思う。もし現実にさような問題があれば、それは私どもの許さないところだ。最近起きたイスラエルにおけるあの暴徒学生これと同様に憎むものであるから、厳に戒めるだけでなく、取締るべきだ。

テルアビブの日本人ゲリラに強いショックを受けた佐藤首相から、「取締るべきだ」という答弁をひきだして、まるで鬼の首でもとったように喜んだ田英夫の姿が想像できるようだ。彼は図に乗って質問を読けた。

田英夫　実はそういう動きが、しかもマスコミの幹部の手によって行なわれている。佐藤総理も知っておられるラジオ関東の社長の遠山景久という人が、きわめて公然と台湾独立運動を進めている。いくつかの報道があるが、ほんの一、二例だけあげてみても、昨年の八月三日にホテルオークラで在日台湾独立運動の諸派を集めて会議をひらいた。今年の三月二十四、二十五日にニューヨークで台湾独立運動のアメリカ集会がひらかれたのにも出席している。

ホテルオークラの一件は遠山氏が独立運動諸派との単純な茶話会にすぎなかったのだし、アメリカ集会の一件に至っては、三月二十五、二十六日の両日、ニューヨークで開催された「台湾の将来」についての日米文化人会議と四月一日にワシントンで開催された在米台湾人留学生の台湾自決民衆大会を混同している。
そんなあやしげな情報をもとに、日本の国会で質問答弁が行なわれているとは全く驚く。それとも社会党は中国式の「針小棒大」「指馬為鹿」の宣伝手法を輸入して、日本の国会で通用させようとしているのだろうか。

佐藤総理　そんな具体的なことは知らない。しかし、遠山君が具体的な動きとして運動として、展開しているのであれば、厳に取締るべきだと思う。

田英夫　放送法には「不偏不党、真実及び自律を保障することによって」表現の自由を確保すると謳っている。いまのアジアの情勢、緊張緩和を願う国民の気持からすれば、そういう人がマスコミを握っていることは非常に問題があるのではないか。政府はどう対処するのか。

佐藤総理　遠山君がよしんばそのような思想の持ち主だとしても、その放送自身が非常に偏向しているとは考えていない。

田英夫　私の調べた限りでも、社長だからといって台湾独立運動を推進するような報道を、社長命令で流している事実はない。しかし、台湾独立運動についての会合に、ラジオ関東の経理から金が出ている。また台湾独立後援会の発起人に名前をつらねている天野、大池、川上の三人に嘱託料としてかなりの金額が払われている。社長が会社、しかも報道機関の会社の金を使っているところに問題がある。

佐藤総理　いわれるような事態であれば、これはゆゆしい問題で、ほっておくわけにはいかぬと思う。よく調べて事態に善処したい。

「唐様で書く」三代目

この田英夫なる議員、ベトナム問題や「三里塚闘争」などであまりにも度を越えた偏向報道をしたために、TBS（東京放送）から追放されたところを社会党に拾われて、さきの参議院選挙で、言論の自由の守護者を装って、まんまと当選した御仁であることは、まだ人々の記憶に新しい。

しかし、上の質問の内容からもわかるように、選挙民にどんな偉そうなことを喋っても、現実には外国の利益に奉仕する売国奴の正体を簡単に暴露した。

彼の祖父は第八代台湾総督・田健治郎その人で、台湾議会設置運動を弾圧し、高砂族の残酷な討伐を続行し、製糖業をはじめとする日本企業の兼併発展を援助して、一段と台湾の植民地化を押し進めた。そして在任四年、その手柄を認められて、山本権兵衛内閣の大臣に栄転した。台湾人は彼にどんな息子がいたか知らない。それがいまこのような存在の孫を見ようとは！

「売家と唐様で書く三代目」のことわざそのとおりに、この三代目は台湾を台湾人の手からとりあげて、北京に売ろうとしている。選挙のときはプリンスとかもちあげられても、所詮は一陣笠にすぎない。社会党の中でも心ある人は、できたらふれたくないと思っているにちがいない台湾独立問題をおそらくは自ら買って出たのであろう。それで北京の歓を得ようとする、その軽薄なタイコもち的な振舞は、何とも悲しい限りだ。

田英夫は上の質問にはいる前に、北京の「復交三原則」をすみやかに認めることを佐藤首相に迫り、そして質問の最後のところで、三原則を呑むことが国民的コンセンサスになっていると広言したが、いったい北京からいくらで買収されたのだろうか。

昨年六月十四日付の『毎日新聞』に発表された世論調査の結果によると、日中国交正常化を希望する国民は八三％の多きに達するが、その人たちのあいだで、台湾との関係を断つという意見はわずか九％で、実に六八％の圧倒的多数が台湾との関係維持を望んでおり、社会党支持層はもちろんのこと、共産党支持層でさえ例外ではなかった。

この場合の台湾が必ずしも台湾人の台湾を考えているのでないことは、われわれも知っておく必要があるが、もし日本の国民的コンセンサスを云々するならば、この線

――一つの中国、一つの台湾――が妥当なところであろう。

田英夫はこの事実を知っているか知らないか。もし知らないのであれば、彼の無知怠慢をさらけ出すものである。

遠山氏と独立運動

われわれの神聖な独立運動がなかなか日本人に理解してもらえぬばかりか、日本政府によって「許さぬ」とか「取締る」とか邪魔者扱いにされるのは、何ともくやしい。

独立運動は本来台湾においてやるべきだということぐらいは、いわれなくたって知っている。しかし、一人一人がそれぞれわけあって日本に亡命してき、期せずして独立運動のほのおを燃やし続けてきた以上、独立が達成されるまで、われわれは日本から退出するわけにいかない。

この間、われわれはそれこそ台湾のことわざで「頭戴人的天、脚踏人的地」(他人のおてんとうさまに、他人の土地)という弱い立場にあり、端的にいって、煮て食おうが焼いて食おうが、日本政府の意のままであることを覚悟しないわけにはいかない。

頼むところは、日本が文明の法治国家である以上、われわれが日本の法律を守って、合法活動を続ける限り、日本政府はわれわれをやみくもに弾圧しないはずだという論理と、それにめいめいの運の強さを信ずるだけである(柳文卿の強制送還事件の痛ましい教訓を忘れまい)。

その点、田英夫の恫喝質問と佐藤首相の答弁は、近い将来に予想できる新しい立法措置に対するわれわれの警戒心をよびおこすものではあっても、当面は独立運動の思わぬPRになりこそすれ、実害は及ばないであろう。

しかし、遠山氏がわれわれの運動を支援したばかりに、国会で問題にされ、それがもとで週刊誌などにおもしろおかしく書かれ、会社では組合に騒がれるなど、種種の迷惑をこうむる結果になっては、深く心が痛む。

台湾人の独立運動に日本人の遠山氏を、それも歴として社会的地位と名声のあるラジオ関東社長の彼をまきこみ、場合によっては、その地位を捨てざるを得なくさせる境地にたち至らせていることに対して、われわれは何と慰め、わびていいかわからない。

遠山氏のこれまでわれわれに与えた精神的、物質的援助に対して、現状の独立運動は何一つ報いることができない。世上あるいは遠山氏が独立運動に〝投資〟することによって、成功後にその何倍もの〝回収〟を意図していると陰口をたたくものもあろうか。さりとはあまりにも卑しいゲスの勘ぐりというやつである。

氏は台湾で育った縁故と、二、三の独立運動者との偶然な個人的な出会いから、人生意気に感じて、十数年前から運動の支援に乗り出したのであり、私との対話で「台湾が独立したら、自分は台湾の第一号名誉国民にしてもらうだけで満足だ」ともらした言葉に、私は心から感激している。

遠山氏、決然と起つ

田英夫がもし国会議員はいかなる発言をしても罪に問われないという特権を利用して、国会の場で氏に脅しをかけ、台湾独立後援会から手をひかせて、そこから独立運動を崩壊に導くことを企図したのであれば、あまりにも愚かしいことだ。田英夫は遠山景久という男一匹を知らなさすぎる。

六月十四日の社会党中央機関紙『社会新報』に、田英夫の質問内容にさらに輪をかけたヨタ記事が掲載されるのを見るや、遠山氏は決然と起った。

その日、遠山氏は田英夫との公開の会見を申しいれた。六月十五日、新旧労組と団交して、所信を披瀝し、十六日には一般紙、業界紙合わせて十六社の新聞記者団と会見して、真相の説明と質問に答えた。

六月二十一日、田英夫は一旦応諾した遠山氏との会見をことわってきた。

「国会内の発言については、議員の権利として他人からとやかくいわれる筋合のものではない。誤解があるというなら会って話を聞いてもいいが、公開対決ならことわる」というのが理由である。

事実は十七日の記者会見に加わっていた社会党系の新聞記者が、対決したらコテンパンにやっつけられるだけで、とても勝目はない、と注進に及んだからと聞いている。

田英夫が国会議員の特権を頼りに逃げまわるのであれば、遠山氏としてもしようがないが、『社会新報』に対しては、編集責任者を名誉毀損で告訴することを考えているという話だ。

裁判の結果が楽しみであるが、その前に、記者会見の速記録が関係者に配布されているので、読者のためにその要点を紹介してみたい。

金はすべて私財

遠山氏は冒頭、台湾独立運動との関係がラジオ関東社長就任よりも古いんだということを誇らかに言明した。

しかし、自分にとって台湾独立運動とラジオ関東とははっきり区別ができており、公私混同することはない。会社の金はただの一銭も独立運動のために支出されたことはない。かりに百歩譲って使ったとしても、果して悪いかどうか、自分は悪くないと思う、とまことに率直明快である。

ラジオ関東の金を「公金」であるというようなことを『社会新報』あたりが書いているが、そもそも「公金」とは政府公社等の金、国民の税金に相当するような金をいうのであって、私企業のラジオ関東の金を

「公金」というのは日本語に対する無知である。

会社の金を台湾独立運動に使っていいか、あるいはベンガルの独立運動に使っていいか、あるいは自民党に献金していいかということは、会社の内部で決めるべき問題であって、こんな使い方がいいか悪いか、発言の権利があるのは、ラジオ関東の株主だけである。したがって、田英夫の非難はおかどちがいである。

昨年八月三日、ホテルオークラで台湾独立運動者と会合した際、飲食代として七万二千六百円をラジオ関東の金で払ったことは事実である。しかし、これは社長の交際費の中で使っているのであって、どこでも認められていることだ。ある政治目的をもった団体の人と飯を食う、それをおごったからといって、その政治団体に金を出したという論理がなりたつかどうか。

それから、三人の嘱託に嘱託料を払った、この三人がみんな台湾独立後援会の発起人になっている、だから台湾独立運動に会社の金を使ったというが、これも全くの牽強付会ないいがかりである。

この三人はみなそれぞれラジオ関東に貢献している人たちで、天野氏はラジオ関東が増力されたそのときに働いてくれたのだし、大池氏はラジオ関東の社外講師として社員の教育などをやってくれていた人、川上氏は民社党の春日委員長が民社党に献金するようなつもりで、この人を応援してやってくれと頼まれて毎月十万円ずつやっている、というような関係にすぎない。

今年の三月に、自分が会長になった台湾独立後援会の発起人に名前を貸してくれと頼んで、発起人のメンバーにしたのである。

田英夫の質問に対して、佐藤首相は「ゆゆしい問題だ、厳重に取締る」というけれど、少しも法律に違反したことをやっていないのだから、取締ることはできない。

また、アメリカの台湾人の集会に出席したという田英夫の質問については、全くのデタラメであると一笑にふしたあと、真相はこうだと教えている。

三月二十五、二十六日の両日、ニューヨークで「台湾の将来」（The Futuer of Taiwan）のテーマで、アメリカ側からライシャワー、メンデル、サイモン、イエーガー、ビュエッチャーの諸氏、日本側から林三郎、三好修と自分の三人が出席して討議した。その費用は合計して約五百万円かかったが、すべて自分が出した。

後援会についても毎月八、九十万円の経費がいるが、これも全部個人の金である。

そこで遠山氏は記者団の気持を察して、茶目っ気たっぷりに楽屋裏をのぞかせてみせる。

昭和四十五年度の自分の税引後の所得は、女房の名義にはなっているが、一億三千六百万円もある。ウソじゃない、ちゃんと世田谷区の多額納税者名簿にのっていることだ。一千万円ずつとしても十三年間、独立運動のために出せる。組合のいうように金をチョロマカしてくるんだろうと、そんなことはない。これこれアルヨと。

遠山氏の独立論

もちろん遠山氏の記者会見の意図は、田英夫ごときチンピラ手合の誹謗中傷に対して、守勢的に一身上の弁明をするといった消極的なものではない。氏はもともと弁解することの嫌いな性格である。誤解を受けようとも、信ずることをズバッといい、パッと実行に移す人である。ラジオ関東の社長の椅子などいつでも投げ出す腹は決めている。

氏はこの機会をとらえて、台湾問題に対する正しい認識を国民に訴えると同時に、独立運動のＰＲをした。彼は常に計算を忘れない男である。

遠山氏は金の話の前に、時間をかけて熱っぽい口調で記者団に語った。

自分は対等の立場での日中友好、日中国交正常化に大賛成であるが、その場合、台湾問題に対して、正しい合理的な解決がはかられなければならない。

台湾問題というときには、台湾を支配している国民政府即ち主権と、台湾の帰属即ち領有権とは、分けて考える必要がある。

そして、台湾の帰属は今日に至るも世界的

には未定である。

「台湾は中国のものだ」という北京の主張に対しては、フランス、カナダ、イタリアなどの自由諸国はテーク・ノートであり、アメリカもアクノリッジの線にとどまっている。台湾が中国のものだとはっきり表明したのは、アルバニアや北京の経済援助を受けているアフリカのいくつかの後進国のみと、今年二月二十九日の国会における佐藤首相の答弁ぐらいで、佐藤首相の答弁にしても、早速翌日、福田外相から台湾の帰属はまだ決まっていないといわれて、あわてて取消している。

中国にしてからが、自分のものとはっきり決まっているものならば、わざわざそれを認めろというわけはない。

台湾の帰属問題を論ずることは国際問題であって、内政問題ではない。したがって、私は中国に対する内政干渉を少しもやっていない。

しからば台湾の帰属はどうあるべきか。これはたとえば日本の帰属あるいは運命を論ずる場合に、外国人が決めるのではなくて、この日本の国土に住んでいる一億の国民が決定すべきである。と同様に、台湾の帰属を決める場合には、台湾に住んでいる二十万の高砂族系台湾人、千三百万の台湾人、それから二百万の大陸から渡ってきた中国人、合わせて千五百万住民が決めるべきだということは、国連憲章の第一条の精神であると同時に、二十世紀、今日の世界の常識、正論だと思う。

そうした場合、絶対多数をしめる台湾人の九九%は独立を欲する。二百万の中国人の四〇%も独立を欲しよう。全住民の九〇%が中国への併合を欲しないとするならば、台湾は独立すべきであるというのは、世界の正義、正論だと思うので、私は独立運動を支持しているのである。

偏向している日本のマスコミ

このあと記者団の質問に答えて、遠山氏は、ラジオ関東で台湾独立支持の偏向放送をしたことはない。しかし、偏向といえば、日本のマスコミこそ北京一辺倒に偏向しているではないか。林彪事件、毛沢東重病説の真相、周恩来自身の地位が決して安定していないこと、さらには台湾人の動きや台湾の歴史にしろ、いろいろな点について報道することこそ自由な放送の義務じゃないか。国民は自由にすべての国際問題を知る権利があるのであって、それを毛沢東、周恩来が好まないから、知らせないというのでは、自ら知らせる義務を放棄していることにならないか、いかがでしょう、と反論している。

独立がすべてへの解答

偏向したマスコミにあおられて、大多数の日本人が北京へ北京へとなびき、台湾人の存在などほとんど眼中にないとき、遠山氏の存在はあたかも暗闇の中に一筋の光明を見る心地がする。

われわれが日本に亡命し、日本を運動の拠点に選んだのは日本人の正義感とヒューマニズムに期待をかけ、政府は無理としても、広く民間から同情と支持が得られると考えたからにほかならない。

しかるに、日本人のほとんどは口とはうらはらに、眼前の小利の追求に汲々とし、事大古来の義理と人情の美徳を忘れ去り、事大思想の哀れなトリコになっている。われわれは日本人のため、また台湾人のため悲しまざるを得ない。

その中で、遠山氏こそは偉大なる魂をもった日本人、男の中の男である。台湾独立運動が遠山氏の参加を得たことは、多くの失望や失敗を償ってあまりある喜びであり、永遠に記念されることであろう。

遠山氏がおおやけに独立運動に関与するようになったのは、たしか昭和三十七年（月日は忘れたが）『東京新聞』に「台湾の帰属」という論文を発表したときからだと思う。

その直後に、私はL同志の仲介の労で氏と相識ったのであるが、一見してただものでないことを感じた。その後、交際を重ねるうちに敬愛の念を生じ、知るほどに傾倒していった。

たいていの台湾独立運動者なら覚えてい

るが、昭和三十九年の赤坂プリンスホテルでひらかれた二・二八記念集会で、遠山氏ははじめて公開の席上で大熱弁をふるった。その後、新聞雑誌に多くのすぐれた論文を書き、各地の講演会でもたたきつけるような情熱で雄弁をふるい、台湾人も及ばぬ八面六臂の大活躍をしていることは改めて紹介するまでもないが、氏自身、またわれわれにも特に印象が深いのは、昭和三十九年三月二十三日の『読売新聞』の「世界人と平和問題」のシリーズで、スカラピーノ教授と「台湾を独立させよう」と一面にわたって華やかな討論をくりひろげたことである。

遠山氏は三島由紀夫が壮烈な割腹自殺を遂げたことに深く感激し、その憂国の至情をくみとれないばかりか、気ちがい呼ばわりする現代日本の風潮を慨嘆して「日本は亡んだ」と喝破して憚らない。

「だから俺は台湾独立運動に余生のユメを託すのだ」と私にいう。

われわれはぜひとも遠山氏のユメを実現させなければならないと思う。

「士は己を知る者のために死す」と。独立達成は私にとって、台湾人の悲願であるほかに、遠山氏の知遇に報いる道でもある。

われわれは必ず独立を達成させなければいけない。そうしてはじめて、遠山氏ら日本人の侠気に報いることができ、田英夫ごとき手合を見返してやることができる。

台湾の独立、この一点こそ、われわれ台湾民族の四百年来の宿願なのである。

第二章

新生アジアと日本の役割

ライシャワー駐日大使と懇談。
米国のアジア政策について率直な意見交換を行う。
（昭和40年11月／丸の内ホテルにて）

中立論への警告

『読売新聞』昭和35年8月16日
（後に若干加筆）

はじめに

羽田空港、佐世保の全学連騒動、成田空港事件等々、二年後に迫った〝安保改訂〟を前に、左翼は革命の予行演習を積み重ね、しだいにそのムードを盛り上げている。これからもますます激しさを加えるであろう。

一たび、政権が共産主義者の手に落ちたならば、二度と再び自由は戻らないことは、歴史が示している。

一九五六年のハンガリーの悲劇は、このことを如実に実証している。

私の余命は、長生きしても、せいぜい、あと十年か二十年であるが、日本民族は、地球の続く限り生き続けるであろう。

だがしかし、二年後に〝安保〟を破棄したならば、必ず共産主義者の制覇を許す結果となり、今後、数世紀に亘って、日本人は、中・ソの奴隷的支配下で、塗炭の苦しみをなめねばならないであろう。

愛する祖国、日本民族のために、何としても、この悲劇だけは、断じてくい止めなければならない。

〔1〕安保闘争の評価をめぐって

二年後に迫った日本安保条約改訂をめぐり、国会をはじめ各方面で、防衛問題が盛んに論ぜられている。

われわれの記憶に生々しい、あの八年前の安保騒動の直後、私は本論文と同じ題名で読売新聞に一文を寄せたが（昭和三十五年八月十六、十七日）、今、これを読み返してみても、少しも時間のずれを感じない。現在の政治情勢にそのままあてはまると思うので、再びこれを発表することにした。日本の共産化を望まない人にぜひ読んでいただき、安保体制解消の危険性を知ってもらいたい。

八年前、安保騒動の評価をめぐって、当時、新聞紙上で、福田恒存、中野好夫両氏の間で激しい論争が行なわれた。福田氏が自由人の常識に立ち、安保闘争指導者の無能と急進主義の実体をつき、デモ参加者たちの心理的ムードの主体性のなさを鋭く批判したのに対して、中野氏は大衆運動の盛り上がりを、民主的自覚と政治意識の向上として高く評価したのであった。

安保条約をめぐる論争は、冷戦の続く限り今後もさらに激しく行なわれるであろうが、私は今まで、誰もとりあげていない、全く新しい観点、すなわち、八年前のあのような騒擾事件が、予期しない政治的、社会的結果を生み出しかねない危険について論じてみたいと思う。

あの当時まで、実は私自身、再軍備反対、無防備、丸腰、中立論者であった。

わが国から第三次世界大戦の誘因を取り除き、世界平和のかけ橋となるためには中立主義に立ち、いかなる外国との軍事同盟にも加わってはならない、として、安保条約の解消を唱えていた。

こうした考えの全面的な再検討の必要を迫られたのは、昭和三十五年五月十九日の政府による新安保条約強行可決以来発生した連日の政治危機を、身近に体験した結果である。

安保反対デモが大規模に盛り上がり、暴動化し、さらに、あのデモと前後してフルシチョフによるパリ会談の決裂、中ソの安保反対闘争への執拗な支援、コンゴ、キューバをめぐる中ソの干渉などの諸事件が相次いで起こるのをみて、私はこれまで自分を捉えていた観念——中立主義について、改めて真剣に考えざるを得なくなった。

あの当時、いわゆる進歩的文化人たちは、これらの諸事件により、ますます勇気づけられ、デモ騒ぎに対してもわが意を得たりとばかり、民主主義の前進、市民意識の向上等々とさかんに論陣を張ったものである。

私はこうした安易な事大主義的風潮に強い反発を感じた。このような運動が民主主義、中立主義、平和主義といった理想主義的スローガンによって大衆をげん惑し、法の権威が失われ、無秩序が合理化されたときこそ、共産主義やファシズムのような全体主義の野望にとって絶好の温床となることは、過去の歴史が教えている通りである。

私は当時の事件の複雑な性格をいろいろな方面から検討すると同時に、安保反対運動の指導者、左翼の理論家たちと激しい論争を試みた。そしてこれを機会に、私は共産主義革命の世界戦略戦術を改めて歴史的に検討し直してみたのである。

その結果、私は、自分の中立主義の考えは論理的には一貫していても、現実性を欠いており、理想主義的であるがため、かえって危険な幻想であることを知った。本文はそうした私自身の深刻な反省の結果をまとめたものである。

もしかりに、日本人の誰かに「あなたは日本で共産主義革命が成功すると思いますか？」と質問したならば、おそらくほとんどの人が「ないと思う」と答えるに違いない。そしてその答えを裏付けるために、共産党の支持率が選挙のたびごとに増えているといっても、一割を越えたことがないこと。

また共産主義はかつてのロシア、今日の中国、アジア、アフリカ、中南米諸国のような後進国にのみ成功する可能性があるが、わが国のような高度の工業生産力と民主主義制度をもつ先進文明国においては成功しない、というであろう。

しかし、果たして日本では共産主義革命は起こり得ないと断定して、私たちは安心していてよいであろうか。

たしかに共産主義革命の条件として、今まで、

①経済危機——すなわち恐慌。実質賃金の大幅低下、大量失業の増加など。

②政治危機の発生——労働組合の経済的ストから政治的ストへの発展。支配階級の内部対立の激化、政権を維持できないほどの弱体化など。

③革命勢力の成長——大衆と結合した強力な共産党の存在。

以上、三つの条件がととのわなければ革命は成功しないと考えられてきた。

しかし、果たしてそうであろうか。

第二次大戦後、この「暴力革命方式」のほかに、さらに「平和革命方式」といわれるものの条件がととのってきた。とくに最近、中ソの中立政策を検討してみるとき、わが国現在の政治状況がいかに危険をはらむものであるか、その国際的地位と内政的条件を考えると、政治危機一つあれば、共産主義革命が勝利する可能性は多分にあるということができる。八年前のあの革命前夜のような騒擾状況が、数回繰り返されるならば、社会党、総評、全学連、文化人などのデモ参加者たちが、あれよあれよという間に、事態は思いも及ばぬ方向に進まないとは、誰

にも保証できないと思う。

この点に関して、すでにヒトラーとスターリンは貴重な教訓をわれわれに残している。戦前の、ある日共指導者の一人が「あの状況下で私が共産党のリーダーだったら、充分に革命はやり得た。宮本顕治氏のような戦闘指導力のない文学青年がリーダーだったことは日本のために幸いだった」といっていた。これは軽々しく聞き流すことのできない重要な指摘である。

では、中ソおよび日共はいかなる方法で日本の革命をなしとげようとしているのか、実証的に第二次大戦後の東欧共産化の歴史をみてみよう。

〔2〕東欧はいかにして共産化されたか

現代の世界共産主義革命方式は、第二次大戦後、ポーランド、東ドイツ、チェコスロバキア、ブルガリア、ルーマニア、ハンガリー、アルバニア、エストニア、ラトビア、リトアニアなどで実行された、いわゆる「人民民主主義革命」方式のなかに、ある一般的な型をみることができる。

東欧諸国は、大戦直後、最初から、共産党の一党独裁が布かれたのではなかった。はじめは自由主義的で民主的な諸政党をふくむ、反ナチ諸党派の連立政権から出発し、ユーゴを除いては、共産党はむしろ少数党だったのである。

なかでもわが国にとって、もっとも教訓的な例は、チェコスロバキアの場合であろう。チェコは三十年間におよぶ民主国家としての伝統と高度の工業生産力をもつ、東欧唯一の先進文明国であった。戦後は一九四五年から四八年まで、議会制民主主義の下で、民主諸党派、社会民主党、共産党の国民戦線政府によって統治されたが、四八年春、先進国においては共産主義革命は成功しないという定説をくつがえして、共産党のクーデターによって、見事に共産化してしまったのである。

多かれ少なかれ、ほかの東欧諸国も共通のことであったが、チェコ共産党はまず自国の文化的、宗教的、政治的及び経済的伝統に忠実であるかのように慎重に振る舞った。すなわち国民戦線の各政党に対する寛容、民主主義と自由への忠誠、私有財産を侵害しないとの公式言明。チェコにおける社会主義への道は、平和的民主的手段を通じて、ソ連とは異なったチェコ独自の民族的形態に応じて実現されるという熱心な宣伝。こうしたデマゴギーによって、国民の多くは、ソ連の膨張政策については目をつぶり、共産党もやがてチェコの国民的利益の上に立ち、民主主義に同化されてしまうかのような錯覚を持つようになった。

チェコ共産党はこうした仮面の下で、国民生活のすべての分野にわたって浸透工作を行ない、とくに軍隊、警察、マスコミの中枢部に少数ではあるが、しっかりした秘密細胞をつくっていった。そして理想主義、社会主義にひきつけられている文化人の獲得。社会民主党の容共化工作、自由主義、民主主義の懐柔工作を着々と押し進め、さらに軍事的地下組織、クーデターのための突撃隊の訓練を行なっていったのである。

このチェコ共産党の手口は巧妙をきわめ、はじめ連立内閣の組閣のときは、大部分の閣僚の椅子を他党にあたえて安心させ、共産党は内務大臣の椅子だけを獲得し、司法と警察の実権を握り、判・検事、警察の幹部をつぎつぎと共産党員に入れ替えていった。その後、民主諸党派、社会民主党の反対派の閣僚に対しては、汚職事件をでっちあげて逮捕し、後任には強引に容共系ないし共産党員の閣僚をあてた。

また共産党の指令による反共派閣僚に対する暗殺計画が発覚すると、共産党員で固められた司法、警察当局によって権力を濫用し、事件を闇から闇にもみ消し、ついに自由主義的な警視総監の罷免を要求するまでになった。

しかし四七年から四八年はじめにかけて、共産党のこの強引なやり方に対して疑惑と不信が高まり、国民の支持を急速に失いはじめ、同年春の総選挙では、それまでの議席を大幅に失うことが予想された。しかし、そのときすでに遅く、枢要な国家機構や産業組織、マスコミなどの内部に、しっかり組織された共産党のフラクションが、各組織の機能をほとんど掌握していた。

そして、ついに武装突撃隊によるクーデターによって、自由主義的な大統領ベネシュと民主諸党派の閣僚は辞職に追いこまれ、形式上は合法的に、流血をみることなく、共産党書記長ゴットワルドの独裁政権の誕生をみたのである。

第一次大戦に敗れたオーストリア・ハンガリー帝国の廃墟から、一世紀にわたる独立の夢と闘いが実を結び、不死鳥のごとく起ち上がったチェコスロバキア共和国の輝かしい独立の歴史も、一九四八年二月二十五日を最後に悲劇的な幕を下ろし、かつての隷属よりもはるかに悪質な共産主義独裁の暗い波に呑まれてしまったのである。

チェコの人びとは独立前三百年間自由を奪われていた。そのため自由の真の精神がまだ十分に強固なものとなっていなかった。若い民主主義国が誤りを犯すということは避けられなかったのである。

ソ連に隣接するチェコは自国の独立と経済的利益にとって、ソ連と友好関係を保つことがもっとも必要であると思われた。一方、ソ連も繰り返し、チェコに対しては何ら内政干渉しないことを約束した。戦後の政治的困難のなかでチェコの指導者たちは、スターリンのこうした言明によって内心の不安を打ち消そうとした。

ベネシュ大統領はじめチェコの指導者たちは、共産党といえどもチェコの長い民主的伝統を破壊することは不可能であり、共産党もやがては自国の伝統に同化されるであろうとの希望的観測を下し、最後まで、ソ連とチェコ共産党の真の意図、その謀略的なやり口を見抜けなかったのである。

われわれが今日、チェコの共産主義革命から引き出す教訓は、ヒトラーという前門の虎の悪夢にこりた結果、甘い幻想をいだいて、スターリンという後門の狼を引き入れ、ついにクーデターを許し、自由を失ってしまったということである。

その後くり返し、こうしたやり方が行なわれ、一九四五年から四八年までのわずか三年間に、東欧と中国で、八億の人びとが共産党政権の下に制圧されてしまったのである。

そして一九五六年十月、政治的独裁とソ連による資源の略奪に我慢し切れなくなったハンガリー民衆が、自由と西欧的な民主主義制度の復活を目指して蜂起したとき、ソ連はナジ政権を倒して傀儡政権をでっちあげ、その要請を口実に、戦車によって民衆を弾正し去った。

この事実は、ソ連の世界革命方式の、手段を選ばぬやり方、口では平和共存、他国の内政不干渉を叫びながら、事実はけっして世界革命の野望を捨てていないことを如実に物語っている。

今日われわれも、軍国主義復活の亡霊を恐れるあまり、中ソの宣伝に幻惑されて、東欧の二の舞を繰り返さないよう、これらの歴史的教訓を十分に学びとらなければならないと思う。

〔3〕戦後日共の戦術の変化

次に戦後の日共の戦術を、ソ連の対日政策の変化にともなってどう変わってきたか、簡単にふりかえってみよう。

日本共産党は米軍進駐の直後、獄中から解放され、わが国ではじめて合法政党として活動しはじめた。最初はアメリカ占領軍当局の一連の政治的経済的民主化政策を支持推進するとともに、アメリカ軍を解放軍と規定し、占領軍による民主化推進の過程のなかで、平和的、議会主義的に政権の座につくことが可能であると、いわゆる「愛される共産党」のスローガンを掲げて、党の大衆化をはかった。

そして社会党、民主的諸政党との民主民族戦線を提唱し、産業防衛闘争を推進する一方、単一の全国労組連合である産別、単一の全国農民組合である日農を組織し、そのリーダーシップを握り、経済闘争と政治闘争の強い足場を築いていった。そして共産党細胞は官公庁、大企業、鉄道、通信、新聞、放送、大学など、あらゆる組織内につくられ、数十万の学生を組織する全学連をも完全に党の指導下に置き、平和・独立・民主の旗の下に、一九四九年（昭和二十四年）に党員二十万もの大衆政党にふくれ上がり、同年一月の総選挙には三十五名の衆院議席を獲得するまでになった。

もし、かりにアメリカの占領がもっと早期に打ち切られていたならば、日本も民主民族戦線政府の樹立を経て、チェコのごとく共産党クーデターの勝利に終わっていたであろう。

しかし、このころから、占領軍当局はようやく容共政策を改め、教育公務員特例法、団体等規正令、特別審査局の設置、公安条例など共産主義活動に対して、つぎつぎに規制措置を取り、さらに公共企業体のレッド・パージによって共産党員を追放し、日共に対し相当の手痛い打撃をあたえたのである。

一方、ソ連はすでにその前年までに東欧の革命を成功させ、中国革命も完了しており、あらたに国際共産主義運動の単一の指導部としてコミンテルンを結成し、世界革命の新しい段階に備えた。

日共の戦術とソ連の対日政策において、とくに注目すべきは、翌一九五〇年（昭和二十五年）六月に開始された朝鮮戦争と、これに先立つ同年一月のコミンフォルム、中共による日共の平和革命論批判であろう。

この批判は、「米日反動の支配下にある日本では、平和的に議会を通じての革命はあり得ない」として、野坂政治局員を槍玉にあげ、野坂理論は帝国主義美化の理論であると痛烈に非難した。このとき日共の徳田書記長を非難せず、もっぱら野坂個人に攻撃を加えたのは、書記長の威信を傷つけず、来るべき革命に備えて徳田中心の団結を保持させようとの配慮からであったと思われる。

日共はこの批判に屈し、これがきっかけとなって激しい党内分派争いが展開されたが、主流派はついに分派を除名し、その後、第四回全国協議会によって、合法面では全面講和促進、平和擁護闘争を行ないながら、非合法面においては軍事方針を採択し、秘密指令により、全国に秘密軍事組織＝中核自衛隊をつくり、軍事的訓練を開始した。

一九五一年（昭和二十六年）一月ごろから、日共軍事組織による火炎ビン事件、吹田操車場事件、横田基地事件など暴力による国鉄の混乱をねらう事件が続発し、ついに皇居前広場で血のメーデー事件を引き起こした。

中共の朝鮮戦争介入は、スターリンの強力な要請によるものであった。朝鮮戦争開始前の野坂理論の批判、さらに開始後の日共の軍事方針の採択などは、明らかに、クレムリンと日共の緊密に調整された極東戦略であったといえよう。

当時の日共の戦術でとくに象徴的なものは、いわゆる電源防衛闘争である。日共は電産労組の争議を巧みに民族独立闘争と結びつけ、電源防衛と称して、中核自衛隊の軍事組織を各水力発電所に派遣し、労組内部の細胞の扇動と呼応して、電源ストップの暴力的破壊活動を精力的に行なった。

日共はこの闘争を通じて、北海道、猪苗代湖、群馬、木曽、阪神尼ケ崎、北九州などの各電源地区にソビエトの建設を企図したのであった。これは経営者側の防衛隊によって阻止され成功しなかったが、これは明らかに、朝鮮戦争への、中共の総力あげての介入と呼応して、日本の産業を麻痺させ、革命的危機をつくりだそうとした戦術であったのである。

朝鮮ではじめ、北鮮共産軍が南鮮軍を釜山から追い落とす寸前まで侵入してきたが、もしもあのとき南鮮側がダンケルクの悲劇を演じていたならば、恐らくそれに呼応する日共のクーデター、中ソによる日本解放義勇軍の侵入という最悪の事態を迎えていたであろう。

朝鮮戦争の終結、講和条約の発効、日本経済再建の成功によって、日共は全面的衰退に直面し、一九五五年（昭和三十年）七月、日共はふたたび北京の指示によって、極左冒険主義の自己批判、分派の合同吸収を行ない、新たに陣容を立て直したが、翌年二月のソ連共産党第二十回大会におけるフルシチョフのスターリン批判、同年十月のハンガリー弾圧、さらに日共トラック部隊の全貌が明るみに出され、急速に国民の支持を失っていった。

しかし近年、安保反対闘争の盛り上がりを迎えて、日共はふたたび巧妙な二面作戦、すなわち、総評、社会党をはじめとする広汎な反安保勢力との統一行動と、労組、官庁、マスコミなどへの浸透作戦を開始し、しだいに成功しはじめ、昨年の参院選、都議選ではかなりの進出をみ、現在党員も最盛時の二十万に近づいている。

〔4〕日本中立化の真の目的

日本の良識を代表すると自他ともに任じている、いわゆる進歩的文化人の安保条約に対する意見を要約すると、ほぼ次のようになるであろう。

日本は安保条約を解消し、中ソとの友好関係を樹立し、インド的な中立を保持し、世界の第三勢力と手を結び、そのリーダーシップをとり、国連を中心に東西平和共存のかけ橋となる。そのためには現在の向米一辺倒の保守反動政権を倒して、中立主義的な政府、できれば民主民族戦線政府を樹立する必要があると。

この意見はたしかに理路整然としている。しかし理論と現実は必ずしも一致しないばかりか、こうした理想論は現実的にはほとんど幻想に近い。中共とソ連が、日本の安保反対運動を執拗に支援しているのも、実はまず日本を中立主義に移行させ、親中ソ的な政府の樹立をたすけて、共産党のクーデターの下地をつくろうとの魂胆からに外ならないのである。

なるほどソ連は熱心に平和共存を唱えているが、これは必ずしも異なった社会体制の共存を意味しないことは、ソ連と遠く離れ、経済的には直接何の関係もない南米のキューバなどの弱小国に、強力な軍事援助をして、これらをソ連圏の一翼に加えている事実をみてもわかる。ソ連は第三次大戦は自国をも破滅に導くために、最近の党大会でも、絶対にこれだけは避けることを明らかにした。しかし、第三次大戦にならないワク内で、機会さえあれば他国の政治危機に干渉し、親ソ政権ないし共産党政権の樹立をたすけることは少しも辞さないのである。

一口にインド的中立というが、インドは共産主義に対しては一歩も譲らぬ断乎たる態度で臨んでおり、英連邦の一員として自由世界での責任を立派に果たしている。

さらにインドと日本を比べたとき、日本の場合のほうが、はるかに共産主義の術策に陥る公算は大であるといわねばならない。なぜならインドは広大な領土に厖大な極貧の人口を抱えた後進農業国であり、これを赤色圏内に収めても文盲退治からはじめなければならず、中ソの大きな負担となるのにひきかえ、日本はアメリカやヨーロッパの自由諸国から遠く極東に孤立し、中ソに隣接した島国であり、しかも高度の技術水準と工業力を持つアジア唯一の先進文明国である。このことは中ソにとっては正に垂涎の的であろう。

インドでさえ政府がもしその統治に失敗し、内政上の危機が発生すれば、中ソはあらゆる手段を尽してこれを圏内に引きずりこもうとするであろう。現にケララ州では共産党の騒乱が絶えない。まして日本の場合、保守党はいぜんとして近代的民主政党に脱皮しきれず、自民党中国派と呼ばれる政治家たちまでが、中ソに対しきわめて甘い、時には卑屈とさえみえる物欲しげな姿勢を示している。中ソはこうした条件を充分計算の上で、わが国に対し、さまざまな手を打っているのである。

共産主義クーデターの可能性は、すでに述べたように、ソ連が東欧において実際に成功した実例、さらに日共のこれまでの戦術をつぶさに検討してみるならば、誰しもうなづくことができると思う。

そのクーデターの方法については、戦前の五・一五、二・二六事件を想起すれば充分である。武装した中核隊による閣僚の拘禁、警視庁、テレビ、ラジオ、新聞などの全マスコミの占拠。革命政権樹立の宣言が発せられ、もしも自力では反革命を制圧できないとみれば、ただちに中ソ両国に軍事援助が要請される。これは一国の政府が公式に外国軍隊を迎え入れるという合法的形式をよそおって行なわれる。

時を移さず、樺太、千島、ウラジオ、北朝鮮などより落下傘部隊が、ジェット機で輸送され、日本の民主主義は完全に葬られるであろう。二・二六事件の天皇の大命降下ならざる赤軍の降下である。

中ソのわが国への軍事干渉は、果たして第三次世界大戦を招く結果となるであろうか。あるいはアメリカ軍が介入して、日本の共産化を防衛するという絶対的保障を期待できるであろうか？　私はそれに対し大きな疑問を抱かざるを得ない。

かつてアメリカは朝鮮戦争で百万の軍隊を投入し、二十五万人の自国の若者を失い、なおかつ三十八度線を維持し得たにすぎず、現在、ベトナムでも二十数万の米軍が苦戦を続けている。その結果、アメリカ政府の極東政策は、アメリカ国民をはじめ、ヨーロッパ諸国の強い非難を受けている。またアメリカ上院における議員の発言をみても、アメリカだけが日本の防衛義務を持つことについて強い不満が述べられている。もしもアメリカが日本で中ソと戦うことになれば、朝鮮戦争の数倍の犠牲を覚悟しなければなるまい。

日本の中立政策によって安保が解消され、米軍基地が撤去されており、しかも日本革命政府の公式要請によって一応合法的に中ソ両軍が進駐するような場合、米軍があえてこれに介入する公算はきわめて少ないと思う。

　またさらに、ＩＣＢＭが発達した今日、アメリカ本国の防衛問題を軍事的にみた場合、南太平洋やアラスカの諸基地、および移動する誘導弾基地ともいうべきポラリスを搭載した原子力潜水艦などをもってすれば、自国の防衛は充分可能であろう。

　したがって、日本が中ソに侵略されたとき、アメリカあるいは国連の支援を期待することは、きわめて困難であり、一方、これを中ソの軍事的見地からすれば、彼らが日本の安保反対闘争に対して、執拗な支援を続けているのは、中ソが日本のクーデターに介入しても、米軍の出動をあり得なくするためであるといえよう。

〔5〕善意だけでは共産主義は防げない

　以上、中ソが指導する国際共産主義運動と、その一翼をになっている日共の戦術を明らかにしたが、これをまとめると、

①ソ連は、第三次大戦だけは、絶対に避けたいと望んでいる。
②そして表面的には平和共存を唱えながら、裏では世界戦争にならない範囲内で、機会さえあれば遠慮なく赤化していく。
③一方、中共は、第三次大戦をも辞さない覚悟で、アジア、アフリカ、中南米諸国の赤化工

作を積極的に進めている。一昨年秋、インドネジアで起こった九・三〇事件は、これを証明するあまりにも有名な事件である。幸い、中共の野望は、インドネシア陸軍の反撃によって見事に紛砕された。

そして、中ソ両国とも日本に対しては、

①安保反対運動を執拗に支援し、広汎な大規模の左翼統一戦線を組織させる。

②政府、与党の低姿勢と軟弱外交、一設的にピンクムードのマスコミ、ジャーナリズムにつけ込んで、一九七〇年には、八年前の安保騒動を上まわる大きを混乱をまき起す。

③その政治危機に乗じて、日共（民青）を中核とするクーデターを成功させる。

④日共の臨時革命政府による中共軍、またはソ連軍の出動要請、そして反革命の弾圧を期待している。

実はこのような共産党の戦術は欧米諸国ではすでに衆知のこととなっている。自由諸国は国境を接して共産主義独裁と、東欧赤化の実態、ハンガリーの悲劇などを身をもって体験しているので、進歩的文化人ですら、日本人のように共産圏に対する幻想をもたず、無知からくる潜在的な恐怖心にも脅やかされていないのである。

私は最近、ベルリンに行き、観光バスで西ベルリンから東に入り、約六時間、東ベルリンを視察した。

観光バスが東から西ベルリンに戻ってきたところで、西側の案内嬢いわく、

「皆さま、東ベルリンをごらんになって、どういう感想をお持ちになりましたか？」

こう言ったあと、続けて、

「ごらんのとおり、あの高いコンクリートの壁、あの小山のような有刺鉄線を乗り越えて、未だに毎日のように何人かの人が、後から機銃で撃たれる危険を冒して、西に逃げてくるのです。昨日も、子供が二人、河を渡ってきたのですが、一人は撃たれ、途中で死にました。一人は脚を撃たれたのですが、やっと西側にたどりつきました」と。

われわれのバスが、東ベルリンのまん中を走っているとき、ビルやアパートの窓から老人、子供、あるいは女たちが首を出し、何かもの言いたげにわれわれに向かって、手を振っていたのが、今でも瞼に浮かぶ。あの光景を思い出すたびに、私は、鬼界ヶ島に流された〝俊寛〟を連想するのである。

ベルリンの西と東については、すでにいろいろ語り尽くされている。ヨーロッパの中心、ドイツ、その首府ベルリンに東の地区があるということは、ヨーロッパ人にとっては、共産主義制度のサンプル・ケースを目の前にみせられているのである。

これあるがゆえに、ヨーロッパの人々は、決して共産主義に対して憧憬や幻想をもたない。ひるがえって、わが国を想うとき、もしも今日の東京に、東ベルリンと同じような区域があったならば、かくもわが国の知識人が、ソ連や中共に幻想や憧憬を抱くこともあるまいにと、つくづく思った次第である。

われわれもまた、わが国における共産主義革命の可能性に目をひらき、国民的利益と自由世界における日本の責任をはっきり自覚し、自らの首をしめるような愚を犯さぬよう、毅然たる態度をもって、国際政局に処していかねばならない。中ソと一線を画しても、わが国の失うものは何物もない。逆に今日、社会党をはじめ、自民党の一部にさえみられるような物欲しげな宥和策をとることによって、もっとも貴い〝自由〟を失うことになるかもしれないことを知るべきである。

革新派の人々が八年前の安保騒動を、民主主義の前進とか、市民意識の向上とかといって喜ぶのは、はなはだしい錯覚である。

第一次大戦後のドイツやイタリアで、狂言的な政治運動が高まり、あたかも革命前夜のごとき恐怖感を一般民衆がもったことが、ナチスやファッショの抬頭の有力な一因となった。日本では社会主義の理想を信ずる人たちは、ドイツにおいて、共産党とナチスが相前後し騒擾状態をつくりだし、結局ナチスが勝利し、共産党と社会民主党はついに壊滅してしまった歴史を、今こそ想起すべきであろう。

日本人がもし、民主主義制度を築くことに失敗するとすれば、その後を襲うものはおそらく共産党独裁かファシズムであろう。

〔6〕安保条約のバランスシート

最後に、安保条約を継続するか、破棄するかについて、もっとわかりやすく理解するために、両者のバランスシートをつくってみよう。

（A）安保条約を継続する場合

①戦後二十三年たった現在、わが国は西独とともに世界の奇跡といわれる復興を遂げたが、こんごもますます繁栄が続くであろう。

②この条約のお陰で、中ソに侵略される心配もなく、自由と民主主義を守り続けることができる。

（B）安保条約を解消する場合（日本にとってプラスは一つもなく、すべてマイナスになる）

①共産化されるであろう。

②国民生活は著しく低下する。

①について説明すれば、中共は毛沢東主席も陳毅外相も林彪国防相も、たびたび「日本を解放（実は〝侵略〟を意味する）する」と明言している。中共の指導者自身が、はっきりと〝侵略〟を明言しているにもかかわらず、日本の左翼、とくに社会党の議員諸公は「中共は断じて日本を浸略しやしない。したがって、日本が無防備、丸腰になっても、中共によって〝解放〟されることはあり得ない」といっているが、いったい、何を根拠にこういう嘘をいうのであろうか。

1歴史的に考察してみても、一九四五年八月七日、すなわち第二次大戦終結の数日前、当時まだ日ソ不可侵条約が結ばれていたにもかかわらず、この条約を破って、ソ連軍が満州に怒涛のごとく侵略してきた事実は、いかに健忘症の日本国民といえども忘れてはいないであろう。

したがって、かりに左翼の人々のいうように、中・ソ・日・米の四カ国不可侵条約が成立したとしても、この条約が必ず守られるという保証がないことは歴史が証明している。

2最近の例では、一昨年インドネシアに起こった「九・三〇事件」、これは日本にとって貴重な教訓である。

3われわれがもっとも警戒しなければならないのは、日本共産党の非公然の革命謀略活動である。

熱海・来の宮郊外にある日本共産党学校における幹部教育のことは、すでに週刊誌にもとりあげられ、あまりにも有名な事件である。

さらにまた、最近出版された『恐るべき民青』の内容からも、日共の「日本赤化工作」をうかがい知ることができるのである。

②の国民生活の低下――この点について論及する人が非常に少ないのは残念なことである。安保問題を論ずる人々は、主に防衛問題のみに論争が終始し、今日の日本の豊かな国民生活が何に起因しているかを論じようとしない。

いうまでもなく、日本の今日の繁栄は、米国を中心とする自由陣営との貿易が大きな基盤となっているのである。鉄鉱石、石油をはじめ、すべての天然資源に不足しているわが国は、これらの原材料をことごとく自由陣営から輸入し、そしてこれらの原材料からつくり上げた製品を輸出して外貨を稼いでいる。いわば加工工業としての繁栄なのである。

日米安保条約を破棄すれば、当然、日米間の貿易は冷却し、悪化することは火をみるよりも明らかであり、また、中・ソの収奪＝搾取は想像を絶するであろう。その結果、わが国経済に根本的動揺をきたし、その悪しき連鎖反応は全国民生活におよび、ふたたびかつての戦時中のような物資欠乏状態となり、国民生活は急速に転落するであろう。

この条約を破棄することによって予想できるプラス面は、一つも見出すことができない。

〔7〕近代化に反比例する後進国的な思想状況

明治維新以来百年になる。日本は、この百年間に近代文明の遅れをすっかり取り戻し、今や完全にアメリカに追いつき、ヨーロッパを追い越してしまった。

最近、日本から多くの自然科学者（数学、物理、化学、医学など）が欧米から招かれていって教壇に立っている。だが、社会科学の分野ではほとんどいない。

それは、この分野における日本の水準が低いからである。この遅れている結果として、わが国にみられる不思議な現象は、共産党は当然のこととしても、社会先、総評をふくめて、進歩的知識人といわれる人々が非常に〝左翼的〟だということである。とくに新聞をはじめ、テレビ、ラジオなどのマスコミ・ジャーナリズムの左翼的ムードは、欧米諸国にはどこにもみられない現象である。

今日、この現象は東南アジア、アフリカ、中近東および中南米の一部などの後進国にだけみられる一般的な特徴である。

「安保条約で米軍基地があるから、日本は、独立国ではない」などと騒いでいるが、イギリスも、フランスも、イタリアも、ベルギーも、ドイツも、アメリカと安保条約を結び、米軍基地があるのだが、この人たちは、本当に、英、仏、伊などを独立国ではないというのだろうか。

かつて、アメリカの著名な評論家、ノーマン・カズンズが、今日の日本の物資的繁栄を評して、「魂なき繁栄」といった。たしかにその通りだと思う。有史以来、今日ほど、日本人が魂を失った時代はないと思う。

われわれは、一刻も早く、現在のこの後進国的な思想状況を克服して、物質文明に見合う民族精神を持たねばならないと思う。

雪どけの波紋

ソ中〝対立〟の意味するもの

『読売新聞』昭和38年1月12日

〝人のうわさも七十五日〟が、今日では十五日だそうである。地球が狭くなり、ショッキングな事件が余りにも次々に起こるので、人々はますます健忘症になってゆく。世界を震撼させたキューバ事件も、米ソ両国の国連安保理からの取り下げにより幕を閉じようとしている。あの時、進歩的文化人と言われる人々がジャーナリズム、マスコミの上で〝フルシチョフの平和愛好の英断〟などといったソ連びいきの評論なども、はや、忘れ去られてしまったのではあるまいか。だがしかし、決して忘れてはならないことは、平和に名をかりていたずらに譲歩したり、おびえたりすることこそソ連の思うツボであり、さらに第二、第三の冒険を許す結果になるということである。

このような教訓は、われわれが、すでに一九三八年のミュンヘン会談はじめ幾度か歴史的に経験したことである。そして、この事件で得た貴重な収穫は、フルシチョフも核兵器による第三次世界大戦だけは絶対に避けたいと考えているらしいということがわかったことである。

このことは特に重要である。まさにこの点が発火点となって、くすぶっていたソ中の対立が、ついに、七日のプラウダによる中国批判となり、公然と火をふいたということであるが、その対立の原因と将来の展開とをさらに掘り下げてみたいと思う。

修正共産主義の出現

キューバ事件の約一か月後、すなわち昨年十一月十九日に開かれたソ連共産党中央委総会で、フルシチョフは、リーベルマン教授の〝利潤論〟の採用を示唆する演説を行なった。この演説の意味するものは――

ソ連経済が著しいむだな生産を省き、より一層の能率的な発展をとげるためには、将来、自由市場経済採用の可能性さえもあえて暗示するがごとき、重大な理論的修正（マルクス経済理論の放棄）を余儀なくされていることである、と言えよう。このことの最も決定的な意義は、現代資本主義対マルクス主義論争に、国際共産主義の宗家たるソ連共産党自らが決着をつけたいということである。

資本主義を社会主義に止揚すべき本家本元が、これまで資本主義経済の最大の悪と宣伝してきた〝最大利潤の追求〟を、今後は自分から進んで採用しようというのである。辛辣な表現をすればまさに〝勝負あった〟ということであり、好意的に言えば〝修正資本主義〟に対応して〝修正共産主義〟へのスタートを大胆に宣言したと評価できよう。

不断に修正を加えながら変質と発展をとげつつある現代資本主義に対し「その本質は少しも変わっていないばかりか、独占資本の矛盾はますます激化している」と言い、また「資本主義を止揚して社会主義にならない限りすべての矛盾は根本的に解決しない」と言い続けてきたマルクス主義経済学者はじめ、進歩的文化人たちにとっては、まさに青天の霹靂と言うべきであろう。

文学、政経面の新風

さらにまた注目すべきことは、ソ連文学において、つい最近までは〝反党的〟としてヤリ玉にあげられ、発表など思いもよらなかったような作品が出現し始めたことである。

一例をあげれば、オチェレティンの小説『サイレン』（昭和三十七年十月刊行）には二人の党員の会話で、二大政党制をソ連に導入することの可否を論ずる場面が描かれている。今日、エレンブルグとショスタコビッチが反革命的として批判されてはいるが、これは一時的な現象であって、パステルナークの『ドクトルジバゴ』の場合のように、やがて評価しなおされる日も近いであろう。

政治面においても共産党の権力機構から、農工二大行政（官僚）機構に党機構を解消させていく兆候が見え始めている。しかし共産党の幹部がそっくりそのまま行政機構の幹部として権力を握るのであるから、その独裁体制は少しも違わないのであるが、それでも党機構から行政機構へという党の解体化は、世界の共産主義者にとって、一大ショッキングな出来事ではあるまいか。

おそらく今後ともフルシチョフとそのグループは自己の支配体制を危機におとしいれない程度に、徐々に理論的修正をほどこし、ソ連産業社会の現実的利益と、工業化の進展に伴うソ連国民の生活水準引き上げの願望に適応すべく、経済面、文化面にわたり、徐々に、それこそ文字通り遅々たる歩みではあるが、雪どけを進めていくであろう。

そしてやがていつの日かその政治制度も民主化されるのであろうが、だがしかし、それまでは依然として独裁権力国家として世界赤化の野望は捨てないであろう。

中国の外患保有策

地方、中国は、このようなソ連の変化に対して、修正主義のレッテルを貼り、かつて見られないほど激しく攻撃し、その対立はますます深刻化している。というのは中国は、人民公社の失敗、ソ連からの経済援助の打ち切り、さらに数年来の大飢饉という悪条件が積み重なり、工業化は遅々として進まず、そのため、ソ連に雪どけが進んでいる時、中国では百花斉放ならざる百花撲滅のスターリン体制の強化がおし進められている。

こうした内政上のゆきづまりを糊塗し、国民の不満をそらすために〝外患を保有する〟ことは、戦国時代以来の中国の伝統的政策である。すなわち〝資本主義という悪〟のシンボルとしてのアメリカに対する敵愾心（てきがいしん）をあおり、国民の目を外敵に向けさせることによって反革命を押え、内政上の統一を保持しているのである。かつては、金門島攻撃、今日はソ連の批判を無視してインド国境侵犯、明日はおそらくベトナム、ラオスなど、すべてこうした動機によるものと理解される。そして万一、第三次大戦が起こっても、失うものはほとんどないばかりか、自分だけが生き残れるとさえ豪語しているのである。

したがって、アメリカとの平和共存を唱え、あまつさえキューバにおけるがごとく、その力に屈するようなソ連とは、ともに天をいただくことはできないかの観さえあるといえよう。こうした対立の結果でもあるが、共産圏内部および後進国に対するソ中の指導権争いは、今後ますます激しくなるものと思われる。

核兵器禁止協定を

しかし以上の予測は、米ソの関係が今日以上に悪化しない、との前提に立ってのことである。米ソの雪どけが進めば進むほど、それに反比例して、ソ中の対立は深まり、中国はますます国際的に孤立せざるを得なくなるであろう。

アメリカの現在の軍事力を〝張子の虎〟と称して、第三次大戦をも辞さない中国が、核兵器を持つ時こそ、まさに〝キチガイに刃物〟である。

その前に、東西は万難を排して核兵器禁止協定を結ぶべきである。

今日、各国共産党の中で中国を支持しているのは、アルバニア、北朝鮮、日共、および〝米帝国主義は日中共同の敵〟という浅沼発言の再確認を求められた日本社会党ぐらいのもので、日本以外はみな後進国である。

さて、最後に、進歩的文化人といわれる諸先生方にあらためてお尋ねしたい。

「あなたはソ連・中国いずれに組みするか」と。

それとも、ソ連派、中国派、と二つの代名詞に区別される二派のグループが生まれることになるであろうか。

新生アジアと日本の役割

『自由』昭和41年12月号

ニクソン大統領のアジア政策を厳しく批判したが、
晩年、岸信介元首相の紹介で知己となる。

［1］東南アジアの根本問題

アメリカのアジア政策

かつてのフランス、今日のアメリカの東南アジア（とくにベトナム）政策失敗の最大かつ根本的な原因は、彼らのアジアに対する無知と民族主義に対する無理解とに由来する。

1、反共でありさえすれば、すべて善なりとする価値基準

今年のはじめ、ウ・タント国連事務総長は記者会見を行ない、「南ベトナムが共産化すれば、東南アジアの国々はつぎつぎと赤化するという、いわゆる『ドミノ理論』は間違いで、南ベトナムは西側の安全にとって戦略的に重要とは思われない。また北ベトナムは共産中国の傀儡ではなく独立国である」と述べ、アメリカに対しベトナム和平の前提条件として北爆の無条件停止を求めた。

このアジア人事務総長の指摘はまことに正しいと思う。

これに反しアメリカは、いまだに「ドミノ理論」を固執し、アジアの反共政権を、それが反共であるということだけから、武器と金をつぎ込めば冷戦の防波堤たりうると錯覚している。

その結果、援助を与える対象を全く誤まってしまった。南ベトナムの軍事政権は、強烈な反共には違いないけれども、自国の近代化や民主化に対しては反動的な利害を有する腐敗した階級の代表である。

アメリカの投じてきた膨大な経済援助は、民衆のためにはほとんど使われず、支配階級の私腹を肥やしただけである。

2、ナショナリズムに対する無知・無理解

アメリカは民族主義、あるいは民族主義に裏打ちされた中立主義と、共産主義との区別がわからない。

例えばキューバのカストロ。このカストロの革命も、いわば、一握りの大地主であり、アメリカの大資本家と結びついたバチスタとその一党を倒して、人口の九〇％以上を占める農民に土地を解放した土地革命であった。これを理解しなかったアメリカは、大地主であるバチスタ政権を援助し、カストロを弾圧してしまったため、ついにカストロは共産陣営に泣きついてしまったのである。最初のカストロの考え方というのは、恐らくは今日、エジプトのナセルと同様の単なる民族主義であったと私は思う。また北ベトナムのホー・チ・ミンも、南ベトナムの

ベトコンもカストロ、ナセル同様に、ただ何とかして封建的な土地所有関係を崩して、農地解放を行ない、外国（フランス、米国）資本を排除して真の民族独立を達成しようという、強烈なナショナリストだったと思うのである。

したがって、アメリカの東南アジア政策の如何によっては、ホー・チ・ミンも、アジアのチトーになる可能性は十分にあったのである。

ナショナリズムは、そもそも、その発生の根源からして、イデオロギーとは無縁である。それは、数世紀にわたる白人支配、外国支配をはねのけようとする鬱積した民族エネルギーの爆発であって、共産主義とか自由主義とかの体制的志向とは次元を異にしたものである。すなわち、民族主義とは人間本来の基本的な動物的欲求とさえいえる。

アジアの国々は、数世紀にわたって白人に支配されてきた。民衆は白人を追放してくれる民族解放闘争の英雄でさえあれば、それが共産主義者であろうと、自由主義者であろうと、喝采を惜しまないのである。

南ベトナムのゴ・ジンジェム政権、それに続く軍事政権、ラオスの右派軍に対し、アメリカは積極的な援助を与えてきた。しかし、このアメリカの援助がいかに善意に基づくものであっても、ベトナムの民衆にとっては、フランス人という白人に代わって、アメリカ人という新しい白人が再び自分たちを支配しようとしている、としか映らないのである。そして、白人によって守られる〝自由〟よりも、白人支配からの〝独立〟を戦いとろうとしている自国民のベトコンのほうが、英雄であり、友なのである。したがって、アメリカが、南ベトナムの失敗を北ベトナムやベトコンの責任に帰して北爆を続け、むきになって軍事的攻撃を拡大すればするほど、それに反比例して、親米派に対する民衆の反感は強まる一方であろう。

北ベトナムが共産主義者の手におちたのは、〝反共〟〝自由〟を旗印としたかつてのバオダイ、先頃のゴ・ジンジェム政権が、民衆にとっては、忌むべき〝白人〟フランスやアメリカの腐敗しきった傀儡としてしか映らなかったからである。逆からみれば、ホー・チ・ミンが共産主義者であったにも拘わらず、優れた民族主義指導者であったが故に、北ベトナムは共産主義の手に落ち、今また南ベトナムも危険に曝されているのである。

台湾とて、けっして例外ではあり得ない。ここで私は重大な警告を発したい。

今もし仮に中共が〝台湾独立を認める〟という外交政策の一大転換を発表したならば、一〇〇〇万台湾人はほとんど親共、反蔣介石、反米になるだろうということを。

そして、この可能佐は十分ありうるのである。

今日、台湾の人口は一二〇〇万、うち二〇〇万がシナ人、あとの一〇〇〇万が台湾人であるが、その一〇〇〇万の台湾人は例外なく〝台湾人の台湾〟すなわち、台湾国の独立を欲している。そして現在彼らは皆反共であると同時に反蔣介石であり、そして親米である。というのは、中共も国民党も、台湾独立に反対しているからである。

ドゴールは、このナショナリズムを理解した。だからこそ、インドシナ、アルジェリアから手を引き、台湾の民族自決を提唱している。

台湾を第二のベトナムにさせない道――それは独立以外には何もあり得ない。

新興独立諸国の指導者はほとんど、東西両陣営の争いに巻き込まれることなしに自国の近代化を推進したい、という強い願望をもっている。インドネシア、ビルマ、カンボジアなどがSEATOに加盟しようとしなかったのも、こうした本能的ともいえる欲求の現われであろう。

これが、民族主義に裏打ちされた中立主義の本質であり、それをもっとも高度に政治・外交の理念としたのが、インドの故ネールであった。また、東西両陣営から援助を受けているナセルの外交は、その成功した一例である。

3、西欧民主主義の公式的移植

民主主義が、ある一国にしっかりと根をおろすためには、国民教育の普及が絶対不可欠の前提条件である。すなわち、民主主義制度とは代議政体＝議会政治がその根幹であり、自由か共産独裁かのいずれを選ぶかの選択眼が国民の側になければならない。

アメリカはこの点でもまた、無理解と単純さとを露呈した。〝民主主義は共産主義より優れた制度である。優れたものはどこでも受け入れられる〟といった誤まった論法によって、事を簡単に運びすぎたきらいがある。

東南アジア人口のほぼ九〇％は文盲である。選挙の際にも、各党の党章や候補者の似顔絵に印をつけることによってしか投票することのできない多くの民衆にとっては、民主主義か共産主義かといったイデオロギーの問題は未だほど遠い。〝外国人の植民地支配は真っ平〟という彼らの素朴かつ本源的な民族感情からすれば、民主主義か共産主義か、王制か議会制か、軍政か民政かは二の次、三の次であって、なによりもまず第一に独立、解放であり、民主主義（自由）よりもパンなのである。貧困にあえぐ人口の大多数を占める農民にとっては〝農民に土地を〟なのである。

それが証拠には、カンボジアのシアヌーク元首のように、王族の出であっても、民衆の民族主義感情を体現してくれる指導者であれば、立派に国家を統帥することができるのである。

4、農地改革の軽視ないし不徹底

アジアの諸国は、日本を除いてそのほとんどが、封建的大土地所有制か植民地荘園制下におかれ、人口の大部分が文盲の農奴的民衆である。

十数年の永い間、アメリカから莫大な軍事・経済援助を受けていた蔣介石を倒し、毛沢東があの広大な中国を統一することができたのも、地主を追放して土地解放を行ない、人口の九〇%以上を占める農民の絶対的支持を得たからこそであった。

ホー・チ・ミンの北ベトナム制覇に続いて、ベトコン・ゲリラが今日、徐々に南ベトナムを浸蝕しつつある理由も、いわゆる解放区において容赦なく大地主を追放し、〝土地を農民へ〟のスローガンを実施に移しているからにほかならない。

共産主義者の〝土地を農民へ〟というスローガンは、実はやがて〝土地をコルホーズへあるいは人民公社へ〟と変わり、一度は農民のものとなったかに思われた土地も、地主に代わる共産党のものとなり、解放されて自作農となったはずの農民は、農業労働者として、共産党国家に搾取される身分に転落する。

今日、共産圏の農業政策がことごとく失敗していることは、世界周知の事実である。

しかし、封建的土地所有制度のもとで貧困にあえぐ農民にとっては、土地こそ何ものにも代えがたい大きな魅力なのであって、やがて共産党政権樹立の後には、地主に代わって共産党に土地をとりあげられてしまう、そのからくりまで見抜く力はない。ために、〝土地を農民へ〟のスローガンに、容易に欺瞞されてしまうのである。

もしもアメリカが、蔣介石、ゴ・ジンジェムをして土地解放を行なわしめていたならば、今日の中共は全く存在し得なかったであろうし、ベトナムも、今日とは全然異なっていたであろうと思う。

――以上の四点は、東南アジア問題の根本的命題ともいうべきものである。

〔2〕東南アジア近代化のビジョン Ⅰ

……農地改革と国民教育……

数世紀にわたる白人支配から、独立を勝ちとった東南アジアはじめAA諸国の指導者にとって、一日も早く成し遂げねばならない課題は、近代化＝工業化である。

しかし工業は農業の安定した基盤の上にのみ発展することができる。このことは我が国の産業発達史をみれば明らかなことである。

この基本的な命題に対して、しからば東南アジア近代化のビジョンはどうあるべきか。

まず農地改革の問題から述べてみよう。

インド、パキスタン、ビルマ、タイ、ベトナム、ラオス、カンボジア、マレーシア、インドネシア、フィリピンなどは、すべて農業国であり、人口のおおむね八割以上が農民である。農民のほとんどすべては文盲で貧しく、零細農ないし農奴的半プロレタリアで、農業生産性はいちじるしく低い。無知と貧困こそ彼らの特徴である。これらの主要な原因は、遅れた土地制度に求められる。

「人口の八割が農民であり、彼らのほとんどが無知、貧困であり、近代的な貨幣経済からしめだされている」

とすれば、

「その国の政治の民主化は不可能であり、工業労働者の供給もできず、国内市場の狭隘さ故に工業も発展しない」。

前記諸国のうちタイを除いては、すべて、苦難の独立運動を経て、第二次大戦後に独立した国々である。いずれも、長期にわたる植民地時代に、植民政策の深刻な影響を受け、農業もまた各種の規制下にあった。

例えばイギリスは適地適産主義を採り、そのため各国は単一作物農業ないし原料輸出国となり、独立後の今日も、経済的弾力性を欠く結果となっている。

元来、東南アジア諸国の土地制度は、村落共有的色彩が濃厚であったものを、イギリス、オランダ、スペインなどの植民に伴って、各国に独自の土地制度を作りあげたのである。各国の土地制度は、詳細にみればもちろん一様ではない。インドの数州、パキスタンなどでは、東インド会社が、地租の収納を確実ならしめるため、地租を永久的に定額（ほとんど現物五〇％）とし、徴税請負人に管轄の土地の所有権を認め、それが今日の大土地所有（ザミンダールと呼ばれる）の基礎となったのである。今日、大地主と小作農との対立は、インドネシアを例外として東南アジア全域の普遍的な現象となっている。

またベトナム、フィリピンおよびインドネシアでは、大プランテーション（植民者の不在地主的本国在住――荘園制度）の問題がある。むろんこれは、アメリカ流の合理的な賃金制度と労務者の基本的権利の確立を伴う経営体とはほど遠いものであり、前近代的な状態の労働を基礎としたものに他ならない。

東南アジア諸国のすべての政府は、土地改革の実施を、独立後の最初のもっとも重要な政策として掲げてきた。しかし、土地改革を立法化し、五カ年計画を作成しても、その進展は遅々たるものであり、今日に至るも、ほとんど何も実施していないと同然である。これら諸国においては、地主は農村社会の支配者であるばかりでなく、国の政権をも握っている。国民経済にとって好ましいからというだけでは、彼らは自己の既得権を簡単には手離そうとしないのである。加えて、土地の分配を受くべき農民達は、文字は読めず、自己の権利に対する自覚は極めて薄弱であり、独立心に欠け、さらに資本、営農技術、知識もないから、進んで法律を味方とし、土地の分配にあずかろうとの動きも、組織的な力になり難い。

いうなれば、わが国の仁徳天皇時代さながらの状態である。

こうした諸条件がからみあって、東南アジア諸国の近代化の足枷を形づくっているといえよう。

したがって、この解決策は、

「強力な政府のもと、強権による土地改革――〝土地を農民へ〟の実施であり、読み書き算盤から農業技術、環境衛生等におよぶ幅広い教育、啓蒙運動の実施と、その基盤となるべき義務教育制度の普及徹底」

である。

これを怠り、単に表面にできた共産主義のオデキの摘出に躍起になることは、主客を転倒した愚策という他ないのである。

ベトナム戦争こそ、徹底的な土地改革を怠った、その報いであるといえよう。

［3］東南アジア近代化のビジョンⅡ
……軍事的官僚的専制のすすめ……

従来、東南アジアは、アフリカと並んで、ＡＡ諸国と総称されてきた。私はここで、このＡＡ諸国という一括総称の誤りを指摘したい。

第一に、両者は地理的にインド洋によって大きく隔てられており、前者はアジアに属し、後者はヨーロッパに近接している。

また歴史的にみても、明治維新、日清・日露の両戦役および大東亜戦争の刺激と影響は東南アジアをして、アフリカより半世紀以上も早くナショナリズムを勃興せしめた。知識人の層の厚さ、指導者の経験の豊富さにおいても、第二次大戦後の熱狂的なナショナリズムの嵐にゆさぶられて、行きつく当ても知らずに船出した新興アフリカ諸国家群と比べ、二歩も三歩も先んじている。したがって、ほとんど非文明的状況を脱していない裸足の大陸アフリカと同一に論ずることはできない。

東南アジア諸国における民族主義とその政治体制は――多民族的、多宗教的国民構成などに

基づく、指導的政党の多立、

指導的政党および知識層の民主主義＝議会制度＝政治的自由の形式的原則の遵奉思想ないしは形式的固執、

等々のために、運動の形態およびその政治的進展と結果は、いちじるしく異なった様相を呈している。

すなわち、東南アジアでは、アラブ連合のナセル、ガーナのエンクルマなど、単一の指導者、単一の政党による強力な統一国家の形成という単純な過程を辿らずに、多くは多党制、議会制の原則を導入しつつ、選挙による交代可能な政権を通じて、独立と近代化に取り組んでいる。

今日、東南アジア諸国は、抜本的な土地改革、義務教育制度の実施を手始めとし、併せて工業化の道へ進むという近代化過程、すなわちヨーロッパや日本においては一世紀から数世紀にも及んだ過程を、恐らく半世紀ほどで達成すべき課題に直面している。

ここで改めて、今日の東南アジア諸国の経済的諸特徴を要約的に列挙すれば――

・土地改革のほとんどあるいは全くの不徹底。
・商品、貨幣経済の未熟と不均衡。
・民族資本の不成立ないし脆弱性。

・近代工業の成立発展に不可欠の普通一般教育の欠如。
・加うるに、シナ人華僑、インド人移民などを含む、職業的、宗教的、階層的、人種的な多元性。

こうみてくると、東南アジア諸国は、急速な近代化の推進にとって不可欠の政治的集中性の欠如という、決定的な問題に突き当らざるを得ないのである。

東南アジア諸国にほぼ共通の多党制は、先進諸国デモクラシーの多党制とは本質的に異なった、単なる社会構造の多様性の反映にすぎず、むしろ各国の民族主義、近代化への志向を分裂、弱化せしめる役割を果たしているにすぎない。

いいかえれば、もっとも強力な集中的政治力を必要とする歴史的段階に際して、きわめて不安定な政権に頼らざるを得ないというジレンマに陥っている。

フィリピン、タイの親米的・対米依存の動向も、要するに政治、経済発展の自律性の欠如という全き弱さの現れである。

にも拘らず、これら諸国を真の意味での民主国家と考え、〝民主主義〟こそ自由の防壁であり、民主主義こそ近代化を推進し得る最良の方策であるかの如く信じこむとすれば、それは自慰的自己満足か錯覚にすぎないであろう。

遅れた後進国の急速な近代化の方法は、日本、ドイツ、ソ連など、これらの国々が達成した近代化の歴史的経験（とくに政治制度）に学び、それをさらに止揚した見地から考えてみる必要があると思うのである。

ここで敢えて大胆な提言を試みるならば、今日、東南アジア諸国に必要な政治的経済的制度は——

・強力な国軍に支持援護され、かつ中央集権的に組織された強力な官僚制度を根幹とする単一の政党、単一の指導者によって率いられる政治制度。
・民族主義的、大政翼賛的国民意識の統一と昂揚。
・大土地所有の完全な解体。その小作農、貧農、農業労働者への分配。
・義務教育制度の完全実施——文盲の一掃。
・国家資本による近代工業化。

右の要約をさらにずばり一言でいい表わせば〝軍事的官僚的専制〟、これである。急速な近代化という宿命的課題の遂行に当たって、百年河清を待つが如き擬制的民主主義に頼ることを止めよ、ということである。

これをかつてのファシズムないしナチズムと同一視するとすれば、それは全く的を射ていない。またこれを侵略的好戦的帝国主義とみるのもナンセンスである。今日、原・水爆によって武装された大国のいちじるしい軍事的優位に対して、何らかの脅威と考えられるであろうか。

［4］日本の役割

アメリカの東南アジア政策に対する批判、ドゴールの提案による全インドシナの中立化案、ウ・タントの北爆停止提案、またそれに対する反論、等々。

けだし批判は容易であり、何人もなし得るところである。

しかし、ただ単に批判するだけでは、われわれ日本人がアジアに対して負っている責任と義務から免れることはできない。

アメリカの東南アジアにおける役割は第二次大戦後に弱小であった東欧諸国がソ連の支配下に呑まれてしまった、あのようなことのないように、すなわちインドシナをはじめ、未だ独立して日も浅い弱小の東南アジアの諸国が、中共の軍事的・経済的支配下に収められるのを防ぐことである。そして、これらの国々が主体的に独自の近代化を推進することができるようになるための下地をつくることまでであろう。

東南アジアの開発援助において、アメリカはもちろん、イギリスもフランスもドイツもその援助がいかに善意に基づくものにせよ、彼らが青い眼、金髪の白人であるということだけで、非常に大きなハンディキャップを背負っている。さらに西欧とアジアの生活慣習、伝統、歴史、感情の相違は、両者の融和を一層困難にしているのである。

それでも東南アジアは先進各国の開発援助を求めているのである。

日本はアジア唯一の先進工業国であり、しかも日本人は彼らと同じ黄色人種である。東南アジア諸国の動向からもっとも切実に影響を受ける先進国は日本であり、また彼らのほうでもアジアの先輩としての日本の援助をとくに熱望しているのである。

明治維新に始まる急速な近代化・工業化の成功、日清・日露の両戦役、第一次・第二次大戦、そして敗戦と、およそ一世紀間に一民族、一国家が経験し得るにはあまりにも厖大な体験の連続を経てきた日本。

日本は、東南アジア諸国にとって、政治的・軍事的・経済的自立の最良の鏡たり得る十分な資格を持っているのである。

もうこの辺で、戦争の購罪意識は払拭し、敗戦コンプレックスから脱却しなければならないと思う。今こそ、日本の、東南アジアに対する具体的政策が問われているのである。

日本の東南アジアに対する政策は、アメリカ外交の一挙手一投足に追随するような自主性のないものであってはならない。

われわれ日本人は、東南アジアに対し何をなすべきか、また何をすることができるかを真剣に考え、真に日本独自の主体性あるプランを立てて、彼らの近代化＝工業化に積極的に参加しなければならない。それには、アメリカとの役割分担のための日米交渉を持ち、同時に、当事国ともその受け入れについて交渉することが必要となろう。

要は実行の意志の有無である。

今、試みに、その具体的プランの二、三について私案を記せば――

①農業技術者の派遣

農業技術者を派遣し、農地解放と並行して、農業の開発、農業技術の訓練、生産の向上に協力する。

②東南アジア各国からの在日留学生に対する教育

とくに日本近代史を教授することによって、明治以来一世紀にわたる、わが国の近代化＝工業化の歴史から教訓を学びとらせ、帰国後、自国の建設に貢献させる。

③日本の教師にそれぞれの国の会話と語学を習得させて各国に派遣し、読み、書き、算数を教えることによって、各国の教師の不足を補ない、義務教育の達成に協力する。

④行政官の派遣

日本の行政官を各国に応じて教育訓練して派遣し、農地解放と義務教育の徹底、国営事業の遂行に協力させる。

⑤土木技術者の派遣

工業化のための道路、ダム、築港等、土木事業に協力。

⑥医者の派遣と病院の建設

古くからの宗教的迷信が想像以上に根強く蔓延し、そのために当然、医師の数も少なく、各種薬品も欠乏。したがって伝染病による死乏率は圧倒的高率である。

⑦わが国の、東南アジア開発銀行に対する積極的な投資とその急速な工業化を援助する。

しかし、これらの計画の実現も、閉鎖的で島国根性の強いわが民族の特性を考えると容易なことではない。

かつて戦前、台湾、朝鮮、樺太、満州を領有していたときでさえ、よほど血の気の多い人か、日本内地で食いつめた者でなければ、これらの植民地へ行こうとした人は少なかった。したがって政府は、植民地行政官の不足を埋めるために、俸給の五割加俸、恩給年限の二倍ないし三倍加算によって、これを補った。そして多くの民間会社も、これに準じた政策をとったのであった。

ひるがえって、今日の日本の精神的な無気力――若者は夢を失い、国歌は歌われず、国旗は愛されず、国を挙げて泰平に安逸し、ただレジャーを楽しんでいる現状――よほどの思いきった奨励策を採らなければならないと思う。

そのためには、官公吏に驚くほどの恩典を与え、また教師、技術者、医者などは学生のときから全額国庫負担の給費制度の下に、卒業したら数年間東南アジア各国に行くことを義務づけるような政策も必要だと思う。

前アメリカ大統領ケネディの発案に基づく平和部隊として、現在、インドをはじめアジア、アフリカの各地で、それぞれの国の農民と共に泥と汗にまみれながら建設に協力しているアメリカの青年達を範とすべきである。

かつてわれわれの先輩は、シナ大陸や南方の国々に、日の丸の旗と銃剣の保護の下に進出して行った。しかし、これからの日本が南に対してなすべきことは、真に平和部隊のそれでなければならない。

私は昭和の山田長政の輩出を願う。

第三章

マスコミの偏向を斬る

ラジオ関東社長時代に宮本顕治共産党書記長と番組で対談。
(昭和43年／ラジオ関東にて)

新聞を裁く・マスコミの〝ドン〟

——マスコミ偏向の構造的原因——

『自由』昭和53年6月号

はじめに

日本の新聞は、政治家の死命を制し、財界人、官僚を辞職させるほどの影響力を持つばかりか、政府を倒し、三権分立の機能をマヒさせるほどの巨大な力を持っている。

今やマスコミの王者・新聞はオールマイティである。

今日、わが国の真の権力は、自民党政府ではなくして、この数千万の発行部数を持つ日刊新聞をリモート・コントロールするコミュニストの〝ドン〟(首領)が掌握しているといったら、人々は驚くであろうか。

本稿は、この仮説に対する証明である。

わが国の新聞の、左翼的偏向記事に対する批判は、今日まで、すでに多くの識者が繰り返し強調してきた。

また数年前、財界の有志が、朝日新聞に対して、左翼的偏向記事を理由に、広告出稿を拒否するキャンペーンを張ったことがあるが、このような批判や、一部財界の新聞に対する締め付けなどでは、なんら根本的解決にはならない。

なんとなれば、偏向記事の生産は構造的問題であるからである。

では、その構造とは、どのような仕組みなのか。

それは、新聞の労使関係における、ユニオン・ショップ制が機能する、各社労組→新聞労連→左翼政党本部と直結する連帯機構である。

この原点にメスを入れない限り、問題の根元的解決は望み得ないであろう。

また、なぜ、わが国の新聞が、今日かくも〝ドン〟に都合よくリモコンされるようになったか。

その原因と実情を検討してみたい。

［1］諸悪の根源　ユニオン・ショップ制

1、ユニオン・ショップ制による労使関係

現在、わが国の日刊新聞、北は北海道から南は沖縄まで、地方紙を含め百十四社のうち、全国紙である朝日、毎日、読売をはじめ有力地方紙のほとんどを網羅する七十六社の労組は、新聞労連という統一労組に加盟し、これらの新聞社のほとんどは、労働協約において、ユニオン・ショップ制を採用している。

ユニオン・ショップという制度は、衆知のごとく、使用者（会社）が雇い入れた労働者は、必ず一定期間内に、労働組合員にならなければならず、労働組合を除名されれば、使用者（会

社）から解雇されるという、単一の労組しか持てない各新聞労組にとって、まことに都合のよい規定である。

2、副部長（デスク）までが労組員

そして、新聞社では、副部長級（デスク）はもちろん、社によっては部長級までが労組員となっている。

新聞社は、誰でも雇うことができるが、採用された者は、直ちに、組合に加入しなければならない。また、組合から除名されれば、新聞社を辞めなければならない。

従って、労働組合員である新聞記者は、組合の決定に従わざるを得ない。

その忠誠度は、当然、会社の業務命令よりも、組合の決定の方が優先される。

何となれば、会社の業務命令に違反しても、せいぜい出勤停止、あるいは賃金カットの処分に過ぎないが、組合の決定に服従しなければ、除名処分になり、直ちにクビにつながるからである。

組合員である記者諸君が、会社の業務命令よりも、組合の決定に忠誠を誓うのは、当然であろう。

3、新聞労連を牛耳る〝ドン〟

このようなユニオン・ショップ制に基づく各新聞社の労組は、日本新聞労働組合連合（新聞労連）という上部団体の組織によって統一されている。

この新聞労連の中枢部・指導部は、共産党員もしくは、そのシンパによって握られ、新聞労連は事実上、左翼政党の〝ドン〟の支配下にあるというのが実情である。

ただ二、三の例外として読売新聞、サンケイ新聞と、若干ニュアンスの相違はあるが、その他わずかな地方新聞がある。これらの新聞が例外たり得た理由についての説明は、別の機会に譲ることにしたい。

4、編集の実権を握るデスク

新聞紙面作製工程は、非常に複雑であるが、簡単に述べれば、編集の実権者は、事実上、副部長、すなわちデスクである。

新聞は主として社内記者の原稿と、社外に依頼する学者・評論家などの原稿で紙面を編集する。

この場合、誰に原稿を依頼するかはデスクが決める。

第一線記者の原稿を縮めたり、書き足したり、表現を書き直したり、ボツにしたりするのもデスクである。

従って、紙面はデスクのサジ加減でどうにでもなる。

新聞編集デスクは、実は新聞製作面の実権者なのである。

このデスクが労働組合員であり、新聞社によっては組合の幹部でもある。

もちろん編集デスクは、部長、局次長、局長の監督を受ける建前にはなっているが、よほどの大事件でない限りデスク任せとなる。

そのほうが管理職にとっても保身上無難だからである。

デスク以下そろって造反でもすれば、原稿は集まらないし、紙面はできず、やがて部長はそのイスを追われることになる。

編集デスク（副部長）は、ユニオン・ショップ制という強い拘束力を持つ労働組合の一員であるため、組合からにらまれた場合、いつどんなスキャンダルをデッチ上げられて、除名処分にならないとも限らない。

とすれば、当然、組合に対して協力的であろう。

5、印刷が牛耳る組合

新聞社の機構は、大別して編集・営業・総務・出版・印刷の五つのセクションに分けることができるが、どの新聞社も、印刷などのセクションが左翼的偏向が非常に強い。

一般的に編集部は思想的にはノンポリ、営業部は体制協力派であるが、特に大新聞は、印刷等の勢力が人員的にも多数を占め、これが各組合の指導部を握り、その結果、新聞社の組合は、一握りの左翼活動家によって牛耳られてしまっているのである。

ここで指摘しておきたいのは、連合組織である新聞労連の執行部が、左翼政党員に支配されているとともに、各新聞社には、左翼政党の支部が組織されているということである。これが新聞社を実際的に動かしているシャドー・キャビネット（影の内閣）であろう。また、一九六三年（昭和三十八年）には、マスコミ関連産業労働組合共闘会議（マスコミ共闘）が組織された。

これは、新聞労連を中心に、日放労（NHK労組）、民放労連、出版労協、全印総連、映演総連、広告労協、紙パ労連、全電波、日活労組等、約十万の加盟員から成る、全日本を網羅する一大マスコミ組織を完成したのである。この機構の中枢部である書記局、事務局は、日共党員によって完全に掌握され、今日に至っている。

6、赤色占領政策の落とし子

このように、左翼政党に牛耳られるに至った新聞労組、新聞労連が、なぜ生まれたのか、その原因を探ってみよう。

敗戦によって、日本を占領したＧＨＱが、天皇制、軍国主義等の復活を恐れるあまり、一九四五年（昭和二十年）から翌年にかけて、当時、ＧＨＱ民政局に潜入していた共産主義者が中心となって、新聞各社に強い圧力をかけ、今日にみる、ユニオン・ショップ制による労使関係を作らせた、というのが真の実情である。

爾来、現在に至るまで、新聞各社の労働組合は、このユニオン・ショップ制による労働協約を〝錦の御旗〟として、組織の拡大と党勢力の伸張に役立てて来た。

そして、今や各新聞社には、各新聞労組→新聞労連→左翼政党本部（ドン）という図式の強力な紐帯関係が、陰の支配権力として定着してしまっているのである。

7、ユニオン・ショップ制からの解放
憲法違反のユニオン・ショップ制

憲法施行（一九四七年五月三日）より一年二ケ月も早く施行された労働組合法は、占領軍によって作られた法律である。

すなわち、このユニオン・ショップ制の労働組合法は、新憲法に基づき、日本の国会で作られた法律ではないのである。

労働関係法の権威であり、当時、労働省労政局長の要職にあった賀来才二郎氏は、このユニオン・ショップ制について、憲法違反との見解を次のように示している。

「違憲の疑いがあります。また、労働組合としても、真の民主主義の本義に立つならば、その精神に反するものと、考えねばならないのであります。憲法では、国民の結社の自由を認め、勤労者の団結の自由を保障して居ますが、この自由とは、人間個人の意見に基づいて、どんな結社を作り、どんな人と団結してもいい、ということを保障しているのでありますから、自分との意見の合わないもの、嫌いな人達と、無理に団結しなくてもいいという〝団結せざる自由〟も保障されているのであります。

この点から考えますと、ユニオン・ショップ制とは、使用者が、労働者を雇い入れる時に、入社の条件として、会社の指定する組合に加入することを、本人の意志にかかわらず、強制する制度であります。会社に入社する時に、その労働者としては、組合運動にまだ理解がなくていやだと思っている者もありましょうし、会社の指定する組合は御用組合だから、その組合に加入することは反対だ、と考えているものもあるかも知れません。

しかし、就職したい一心だから、いやいやながら、会社の指定する組合に加入するのですから、会社はユニオン協定で、労働者に団結を強制することになるわけでありまして、憲法による、団結の自由という基本的人権を実質的に侵害することになります。また個人に対し、一定の労働組合に、使用者がその雇用権を使って加入を強制することは、組合法第七条一号の規定に反し、明確に不当労働行為となります。したがって、諸外国においては、だいたい、このユニオン・ショップ制は労働法上違法扱いとされていますし、労働組合も、この制度はとっていないのであります」と。

新聞のユニオン・ショップ制こそ、諸悪の根源である。

ぜひとも違憲告発が必要であり、新憲法に基づく労働法の改正こそ、まさに国家的急務というべきであろう。

以下、このユニオン・ショップ制実施以来今日まで、三十九年間の軌跡を辿ってみることにする。

〔2〕偏向の歴史

1、毎日新聞の人民管理

三木内閣当時、毎日新聞と民社党との間で、ある記事について全面戦争が行なわれた。

詳細は、すでにマスコミ（『週刊文春』等）に明らかにされているので省略するが、結局、民社側の要求した、河村勝代議士の、名誉回復の訂正記事掲載は、毎日新聞の責任者たる、トップ重役が承諾したにもかかわらず、毎日新聞労組の反対で、この約束は果たされなかった。

共産党が袴田里見の手記が載っている『週刊新潮』の広告掲載を中止するよう申し入れると、簡単にその掲載をストップしてしまった。

〝ドン〟がつぶさせたのである。

新聞経営者が最後まで保持すべき「編集権」が「介入されている」等というものではなく、「人民管理」されてしまっていたということである。

経営の行きづまりから、新社を作って再発足した毎日新聞は、編集権まで、左翼に奪われてしまったようである。

2、〝リンチ殺人〟隠しのロッキード報道

一九七六年（昭和五十一年）二月、突如、降ってわいたロッキード事件は、「リンチ事件」の主役にとっては、まさに天佑というか、文字通りの幸運であった。

その直前まで民社党・春日委員長によって追及されていた「リンチ殺人事件」は、アメリカから渡ってきた事件によって中断され、爾来、新聞と国会は、挙げてロッキード事件に明け暮れた。

春日氏が、国会で質問したリンチ事件は、わが国の新聞にまことに奇妙な現象を起こしていた。

「リンチ共産党殺人事件」という表現は、その三日後には、「リンチ」と「殺人」という文字が消え、「日共査問事件」「スパイ査問事件」というように『赤旗』と同調する表現が各紙に登場するようになったのである。

この一事をもってしても、各紙の日共に対する姿勢は明らかであるが、その一ヵ月後に起こったロッキード事件は、まさに「日共リンチ殺人事件」追及に対して課せられた各紙の取材に、絶好の逃げ場を提供することとなったのである。

以来、紙面からは「日共リンチ殺人事件」の活字が忽然と消え、「ロッキード事件」報道の

みが連日大きく扱われたのであった。

3、〝世論〟を潜称する一大キャンペーン

ロッキード事件が明るみに出た一九七六年（昭和五十一年）二月以来、新聞は痛烈に自民党を攻撃し続けた。

これは「保守党を倒し、社会主義政権を打ち建てない限り日本はよくならない」という、選挙を控えて、国民に対し、政府不信感を煽る新聞労連の、執拗なキャンペーンであったと見ることができる。

新聞は、これを世論と僭称しているが、事実は決して世論を代弁してはいない。左翼政党本部の〝ドン〟の方針を忠実に実行した選挙宣伝だったと見ることができる。

新聞の読者投書欄を見ると、保守党に対する非難、中傷ばかりが載るが、読者の投書のどれを載せ、どれをボツにするかは、編集デスクが決めることである。

当然、労働組合員であるデスクは、自分達の都合のよい記事を書かせ、これを国民世論と称しているのである。それが証拠に、新聞労連加盟以外の新聞は、必ずしも保守党反対の記事ばかりではない。

何よりの証拠は、その後、行なわれた国民の真意を問う参院選の結果が、このことを雄弁に物語っている。

4、罪深い朝日新聞

一九七六年（昭和五十一年）九月七日の朝日新聞朝刊は、「論壇」に、「言論と政治のけじめ」と題して、次のような記事を載せた。

「自民党の党内抗争に関するマスコミの反応を見ていると、とかく一方的であり、なかには三木支持のための論理の展開ではないかと思われるようなものが見受けられる。（中略）

およそ政治と言論とは、それぞれの使命と誇りをもつものである。政治は言論を支配しようとしてはならないし、またマスコミのいい子になろうと媚態を呈してはならない。一方、マスコミは不当に政治に奉仕したり、自分が政治をやっているような思い上りをしてはならない。

（中略）

三木首相およびその周辺は『世論とともに政治をする』という。マスコミには快い言葉であろうが、世論――この場合はマスコミ――は決して政治の共同責任者ではない。政治は世論を限りなく尊重しなければならないが、政治責任は政治家みずからが責任を負うものである。世論が間違っていたからと政治責任を回避することはできない。

政治家はどうも混同するきらいがあるが、世論とマスコミは違う。（中略）

それはなにものにも拘束されない平等秘密無記名の一票によってのみ的確に表明される。

（以下略）」

筆者は朝日新聞社社友、元政治部長の吉武信氏である。

天下の朝日新聞は、決して左翼政党の機関紙ではない、という皮肉な論文ともいえよう。

こういう記事を時々載せる朝日は、不偏不党で公正なのだ、と国民に思わせる知能犯的編集をしていると思えるだけに罪深い。

このへんがくせ者なのである。

しかし、この吉武氏の論旨は、まことに共感を呼ばざるを得ない。

5、真の世論とは

この「なにものにも拘束されない平等秘密無記名の一票」こそが国民の真の世論だとするならば、一九七六年（昭和五十一年）五月から翌年にかけて行なわれた地方選挙、秋田（参院）、群馬（知事）、福岡（市長）、山口（知事）、福島（知事）、奈良（知事）、大分（知事）、岐阜

（知事）、鹿児島（知事）、徳島（知事）、富山（知事）、宮城（知事）、山形（知事）、広島（知事）、京都（知事）等において、ことごとく保守党が勝利したという事実、さらにはまた、自民党をたたくことによって、参院選で大躍進を遂げるはずの共産党が、見事に大敗した事実は、新聞のロッキード事件報道で、大きく増幅された〝世論〟とは、作られた紙の上の世論、つまり新聞労連の主張であって、真の国民世論は、これとは無関係だったということの証明であると言えよう。

6、思い上った新聞標語

一九七七年（昭和五十二年）の新聞週間において、採用された新聞標語は、

〝新聞で育つ世論が政治を正す〟

であった。

一元的イデオロギー集団である、新聞労連の標語ではないかと眼を疑ったものである。国民世論は、新聞で育てるものだという、こんな思い上がった標語がまたとあろうか。

［3］議会制民主主義と三権分立の危機

個人の基本的人権の尊重、言論、集合、出版、結社、デモ、ストライキなど、あらゆる政治的自由が保障されている多数決原理に基づく政治制度が、民主主義と言われているが、この議会制民主主義の根本的基盤は、三権分立が大前提である。

1、ソビエットとは

普通、ソビエットというと、ロシアのことだと思っている人が多いが、ソビエットという言葉を辞書で引くと、労働評議会と記されている。また別の辞書によれば、ソビエットとはコンミューンに似た政治制度であって、人民から選ばれた政府が、司法・行政・立法の三権を、一手に掌握する独裁政治制度である、と説明されている。

ひるがえってわが国では、一九七六年二月、ロッキード事件が起きてから、国会は半年以上にわたり、連日のごとくその追及に明け暮れた。

三権分立によれば、本来、国会は立法の府として、各党が政策を討議して、法律を作るべきところである。

2、世論操作によるソビエットへの見事な実例

(1)立法府の司法権への介入　……全日空、丸紅等のケース……

全日空の若狭社長、大庭前社長、丸紅の檜山社長をはじめ、伊藤、大久保氏等が連日、国会に呼び出され、自民党から共産党に至るロッキード特別委員会の委員達から、あたかも極悪非道の犯罪人かの如くつるし上げられた。

そして国会に出頭したこれらの人々は、弁護士も無しに、威丈高な議員の質問に責められて、ベラベラしゃべり、結局、自分で自分の首を締める結果となってしまった。

憲法第三八条によれば、「何人も自己に不利益な供述は強要されない」と保障されているのである。

かつて、赤軍軽井沢山荘事件の被告達は、国民の目の前で殺人の現行犯で逮捕された。彼らの一部は、先般のハイジャックで釈放されたが、大部分は未決囚として残っている。その中の一人、永田洋子などは、裸になって出廷することさえ拒否し、法廷では、この憲法第三八条の黙否権を行使して、自分の姓名すら名乗らない。

新憲法は、かくも人権を擁護しているにもかかわらず、ロッキードの関係者達は、司法権を

持たない国会議員の追求に、みずから進んで証言し、その地位を去った。

全日空、丸紅等には、かつてのそうそうたる司法官出身の一流弁護士が多数いた筈であるが、連日の新聞、テレビ、ラジオ等、マスコミ挙げての煽動キャンペーンにより、当然守るべきその全社の利益まで見失ってしまった。まさに、責務の怠慢以外の何ものでもないと言うべきであろう。

⑵鬼頭判事補のケース

鬼頭判事補について、私は少しもそれに、味方し、擁護する気はないが、彼の奇矯な行動（①三木首相に対する、布施検事総長を名乗ってのニセ電話事件、②宮本共産党委員長の身分帳持ち出し事件）は、法的には軽犯罪法違反に過ぎない。

軽犯罪法とは、①騒音で近所迷惑をかけたり、②飼い犬の不始末、③立ち小便、などを対象とする罪を言う。

鬼頭判事補は、決して全日空、丸紅等の顧問弁護士のように、経験豊かな一流法律家ではないが、国会の喚問に対し、自分自身の問題だけに、真剣に取り組んだ結果であろうが、憲法第三八条を拠り所にして、国会の宣誓を拒否した。

これに対し国会議員は手も足も出なかったのである。

また、同判事補は、軽犯罪法違反で家宅捜察を受けたが、これこそ検察ファッショというべきであろう。

布施検事総長が、軽犯罪法違反容疑だけで強権を発動し、家宅捜索を行なわせた理由を推察するに、マスコミの一大キャンペーンに乗せられた、という根本理由以外に、自分の名をかたって、三木首相に電話をかけられたことへの怒り、感情が作用していたと考えられる。それは、単に、同総長だけではなく、時の検察官全員が、恥辱を受けたという共同感情でもあったろうと思われる。同判事補は、共産党宮本委員長の身分帳を暴露したために、このような結果になったのだろうが、もし、彼が左翼的立場にあって、自民党政府高官の恥部でも暴露していたならば、新聞は、決してあれほど騒がないどころか、むしろ、国民の知る権利に応えた彼を賞賛し、軽犯罪法違反容疑で家宅捜索をする検察の強権を、許しはしなかったであろう。

(3) 独裁への途

連日連夜の新聞、テレビ、ラジオ等の一大キャンペーンにより、検察も、立法府たる国会も、また関係会社の権利を守るべき、一流の顧問弁護士達までもが、頭に血を上らせて、三権分立を踏みにじり、日本中が一種のパニック的放心状態に陥るという状況を現出したのであった。

まことに見事な、マスコミ操作というべきであろう。

(4)司法権の危機

本来、ロッキード事件というのは、疑獄事件を主に、外為法違反、脱税等を含む、典型的な刑事事件である。とするならば、あくまで、司法の場において扱うべき問題である。にもかかわらず、国会議員が、憲法第六二条にいう、国政調査権を濫用して証人を喚問し、憲法第三八条に保障されている、基本的人権を否定するが如き印象を与える場面を展開したことは、三権分立を否定して、独裁への途を開く、まことに危険な行為と言わざるを得ない。

おそらく、自民党から社会党右派に至るまで、今でも、このことに気が付いてはいないであろう。

しかし、左翼の〝ドン〟は、意識的に、わが議会制民主主義の根幹である三権を、一手に掌握する独裁政治権力への道、すなわちソビエット・日本を目指しての国会操作を行なったものと思われる。

そして新聞は、その有力な手段として使われたのである。

当時、政権に恋々とする三木首相は、煽動的なマスコミに同調し、ロッキード事件解明に政治生命をかけ、事件の解明は、自分でなければできない、とうそぶき、傲慢に構えていた。

このような姿勢は、一国の代表みずからが、司法権の独立を踏みにじると同時に、首相個人の恣意によって、司直が発動されるのだ、という印象を国民に植えつける、許されざる罪悪行為と言わざるを得ない。

(5) 布施検事総長退任の弁

新聞紙上で小さく扱われたため、大多数の国民は見逃したと思うが、布施検事総長の退任の言葉は、見逃し得ない重要な問題を含んでいる。

即ち、

「………自分は、在任中、常に国民世論を尊重しながら検察行政を行なってきた」と。

司法の最高ポストにあった検事総長までが、新聞論調の影響を受けていたことを、みずから証明したものと言えよう。

本来、司法にたずさわるものは、国民世論に対しても、超然とした立場に立つべきものであろう。

同総長は、国民世論を、いかなる手段で、入手していたのであろうか。

おそらく、マスコミであろう。

しかし、そのマスコミが新聞労連、民放労連に牛耳られているとすれば、司法の最高責任者ですら、左翼の〝ドン〟に振り回されたと言えるであろう。

繰り返し述べるが、ロッキード事件では、自民党、新自由クラブをはじめ、公明、民社、社会の各党及び、司法当局までが、無意識の中に、三権分立をみずから破壊し、ソビエット独裁への道にレールを敷く危険を冒していた、ということを識るべきである。

(6) 裁判記事に意図的〝予断〟

ロッキード事件を契機として、わが国の新聞報道に、重大な変化が起こったことを、ここで指摘しなければならない。

それは裁判記事に、記者の意図的な予断、または予見が入ったことだ。

旧憲法下の戦前では、大きな思想事件、スパイ事件、刑事事件等については、警視総監および、各道府県警察部長（現在の警察本部長）の新聞記事差止命令と、各地方裁判所検事正の記事差止命令が出て、事件が終結するまで当局発表以外は、いっさい新聞に書けなかった。

この差止命令以外の事件については、記事掲載が自由であったが、しかし、裁判については、判決以前に予測記事を書かないのが新聞常識であった。それは、裁判官の心理に、〝予断〟または〝予見〟を与えて、その結果、判決が歪められることを恐れたからであった。

戦後の新憲法時代になっても、何とかこの新聞常識は維持されてきた。例えば、昭電疑獄（一九四八年・昭和二十三年）、炭鉱国管汚職（同年）、造船疑獄（一九五四年・昭和二十九年）、陸運疑獄（同年）その他、政・官・財界を巻きこんだ戦後の主要汚職事件の裁判に関する新聞記事を調べてみても、判決前に有罪とか、無罪とか、判決を予断した記事を書いたことは、殆んどなかった。

ところが、ロッキード事件となるや、裁判長の判決前から〝総理の犯罪〟とか、〝田中有罪〟をうたう〝予断〟または〝予見〟記事が、頻々と掲載されている。のみならず、全国各地の主要公害訴訟や、死刑囚の再審公判についても同様である。

(7) 裁判官に〝予断〟を与える裁判記事

ところで、果たして裁判官は一点の〝予断〟を持たずして、白紙で裁判に臨むことができるだろうか？　裁判官もまた人の子であり、感情の動物である。それは、まず不可能とみてよい。

ある法曹界の大先輩はこう述懐している。

「裁判官は常に孤独だ。自分一人の狭い世界に閉じこもって、起訴状を読み、公判記録を調べ、判決を出すために法律書を首っ引きする。世間の動きを知る唯一の媒体は新聞だけになる……。」

そんな場合に新聞記事が、世間知らずの孤独な裁判官の心理に、どのように作用するか、想像に難くない。

つまり、判決前に、新聞が〝クロ〟とか〝シロ〟とか書き立てると、裁判官にとっては、意識すると否とにかかわらず、それが先入観となり、あたかも公正な世論であるかのように誤認して、引きずられる恐れがあるということだ。

裁判官に〝予断〟なり〝予見〟を持たせぬために、旧法の予審制度が廃止されたにもかかわらず、今日では、それに代わって新聞記事が裁判官に〝予断〟または〝予見〟を与える役割を演じている。

特に、ロッキード事件以降の傾向は、〝予断〟または〝予見〟に満ちた報道を続けている。この傾向は意図的なものとみてよく、その底流には、目に見えぬマスコミ操作の手が働いている。

新聞左傾化の滔々たる風潮の中で、常に最も強く識者の批判を浴びてきたのは、朝日新聞である。

［4］朝日の偏向とユニオン・ショップ制

終戦後、マルクス経済学者の朝日新聞論説主幹・笠信太郎（笠は、第二次世界大戦中に、スパイ尾崎秀実が組織した謀略機関「昭和研究会」で、尾崎の弟分として活躍した。そして、逮捕寸前に、時の朝日の大幹部・緒方竹虎が、彼の手で、笠をヨーロッパに逃がしたことは有名）が、朝日新聞の社是として、社説で主張した「永世中立論」の夢は、講和時代に「全面講和論」となり、左翼勢力の急先峰となって、吉田内閣の「単独講和」（中ソを除く各国との多数講和）に反対したことは周知のとおりである。

そして全面講和論が敗れ、日米同盟時代を迎えるや、「全方位外交論」に看板を塗り変えて、〝日米安保体制の解消〟を主張し、今日に至った。いずれにしろ、「永世中立論」以来、今日まで、一貫して朝日新聞の主張の根底を流れるものは、〝親ソ論〟である。

朝日の論調と報道が極めて〝親ソ的〟であることについて、世界日報は次のとおり報道（一九八三年・昭和五十八年四月四日付）している。

即ち、

「一九八二年（昭和五十七年）二月、訪ソした朝日新聞の訪ソ取材代表団団長・秦正流専務――現在、編集顧問）が、ソ連の対日謀略スパイ工作の指導者、コワレンコ（ソ連共産党中央委員会国際部副部長）と密談した。

世界日報が入手した朝日新聞の『社外秘』の訪ソ取材団報告書によると、コワレンコは、朝日の親ソ報道姿勢を高く評価し、〝うれしく思う〟と言った、と記されている」

つまり、朝日の記事は、親ソ的なるが故に、ソ連の対日謀略スパイの最高指導者コワレンコから、〝おほめ〟の言葉を戴いたというわけである。

その意味からいえば、ＫＧＢ（ソ連国家保安委員会）の元対日工作員レフチェンコの日本におけるスパイ謀略事件が米国で発表された当時、（一九八三年・昭和五十八年四月）〝無責任なレフチェンコ供述〟とか、またスパイ防止法制定反対の社説まで書いた朝日新聞の態度は、決して不思議ではなかろう。

例の教科書の「侵略」問題についての各新聞の〝虚報〟が、中韓両国を刺激し、教科書の内容にまで内政干渉を招いたことは、周知の事実である。

当時の鈴木首相は外圧に屈して、北京を訪問し、趙紫陽首相に対して、「政府責任で教科書

を是正する」ことを確約した〝土下座外交〟を行なった。（一九八二年・昭和五十七年九月二十六日）

この高価な約束手形が、今年四月から使用の高校教科書の中で支払われたことを、わが国民は気付かない。

即ち、去年七月、全国で展示された新教科書を見ると、日本史十二点、世界史十五点のすべての教科書に、「日本軍の侵略」として記述されている。（注・去年使用の教科書は、日本史三点、世界史六点以外は、「進出」と記述）

これは、左翼新聞の、意図的虚報がもたらした国辱にほかならない。

最近、朝日、毎日等が先鋒となって執拗に摘発を続ける旧日本軍の虐殺事件（南京、沖縄、シンガポール等）なるもの及び、中国での細菌戦や、毒ガス戦の大キャンペーンも極めて計画的と見られる。

まず新聞が書き立てて、次にそれを教科書に書かせるという筋書きのように見える。

一方、別に教科書摘発を続けるものに、教科書編集者が組織する日本出版労連がある。例えば、今年使用の高校社会科教科書について、反核運動、非核三原則、自衛隊、原発、原爆、韓国、北鮮、沖縄戦、平項山事件（中国）、南京大虐殺なるもの等についての教科書原稿が、文部省の検定でどう修正を指示されたかを、執筆者と協力して一字一句にわたって調査し、その結果を新聞社に通報する。新聞はこれを材料にして書き立て、文部省を攻撃する。

このほか、反核、反米闘争、反基地闘争、公害闘争、防衛力強化反対、閣僚の靖国神社参拝反対等々……。近年、わが国を揺がせる組織的な一連のマスコミ狂躁曲は、マスコミの〝ドン〟抜きでは、到底理解できないのである。

多くの新聞は、依然として、今もユニオン・ショップ制を維持していると思うが、朝日新聞だけに関して言えば、ユニオン・ショップ制は、現在廃止されている、との事である。朝日が、何故、ユニオン・ショップ制を廃止したか、について、私は、次のような仮説を立てる。

①ユニオン・ショップ制は、労働組合にとって、大変有利な権利である。そして、この協約は、法律上、組合の了解が得られなければ、廃棄する事は出来ない。それが廃棄されたという事は、当然、組合にとって、その権利を上回る利益が保障された、と思わざるを得ない。

②このユニオン・ショップ制は、新聞を、コミュニズムの影響下に組み入れる為の手段であって、目的ではない。その目的が達せられれば、（即ち、コミュニストの手に落ちれば）手段としての役割は終わる。

③このユニオン・ショップ制が実施された当時の朝日は、村山家、上野家等の株主及びその影響下の、自由主義的な多くの重役達が経営の実権を握っていたので、〝ドン〟は、ユニオン・ショップ制による労働組合の力によって、紙面に影響力を及ぼす必要があった。

④その後、朝日は、村山家による永井大三氏の追放をきっかけとして、有名なお家騒動が、長期に亘り展開され、(私は、このお家騒動も〝ドン〟の仕掛けたものと推察している)その間隙をぬって、結束力と団結の強い、労組と協力しながら、尾崎秀実、笠信太郎の流れを汲む、都留重人、森恭三、渡辺誠毅、秦正流、岸田純之助等々、左翼と思われる各氏が、編集の実権を握る様になった。そして、朝日の論調は、日を追って親ソ反米的な紙面を作っている。数年前から、朝日は、〝日本のプラウダ〟とすら言われるようになって来た。私は、渡辺誠毅前社長を始め、有力なる重役及び編集スタッフは、殆どコミュニストだと思う。

⑤前述した通り、ユニオン・ショップ制は、新聞を、コミュニズムの影響下に置くというのが目的である以上、朝日の経営の実権までを〝ドン〟が掌握したとすれば、もはや、ユニオン・ショップ制は、無意味な死文と化すどころか、逆に、労組員の中に、アクティブな反共が、まぎれ込んでいる場合、それ等の反共社員を解雇する障害とさえなるであろう。

⑥半世紀に及ぶ、朝日新聞の果した役割。殊に、尾崎秀実を中心とする朝日幹部スタッフの人脈関係、及び親ソ反米の左翼的な論調から、今日の朝日新聞を、以上のように、私は、推論するのであるが、この仮説は、やがて、近い将来、事実として証明されるであろう。昭和六十年四月一日の『世界日報』に依れば、朝日と毎日は、最近、日ごとに販売部数が減少しているとの事である。

〝悪魔の機関紙〟離れとでも言うべきか。

第四章

青年に与う

親交を結んでいた鳩山一郎氏と筆者。
（昭和28年８月頃／鳩山一郎の私邸にて）

現代の山田長政いでよ!!

――現代青年に与える――

『日本及び日本人』昭和42年10月号

「人生とは仮説を立証する過程である」としたら、
何も狭い世界に跼蹐する必要がどこにあろう。
その進路を提示する――

狂った時代の現実

夜通しの狂宴のあげく、ビールビンを浜辺にばらまき、海水浴客にケガをさせる〝ふくろう族〟。浮輪を刃物で切り女性をおぼれかけさせた手合いや、プールのモモ切り魔。

これらの若者たちにはいくつかの共通点がみられる。いちじるしく自己中心的であること、必ずといっていいほど群れをなすこと、その行動はきわめて衝動的であること、等々だ。なにか面白いことはないかと集まり、なにをしようとオレたちの勝手とうそぶく。自分の欲望をみたすことだけを考え、ハタ迷惑はまるきりかえりみない。一人、一人ではなにもできぬ臆病な卑怯（ひきょう）者だから、同類を求めて群れの力を利用して虚勢を張る。彼らが顔を合わせたとたんにすぐ徒党を組むのは、この心理からだ。

人間らしい生き方を知らぬ人間失格者の集団なのだから、その行動はけだものじみたものとなる。積極的な犯罪意図をもつ非行集団ではない。しかしきっかけさえあれば、いつでも暴走する危険をはらんでいるのである。

これらの〝暴走集団〟は現代社会の混迷の所産であり、またその反映でもある。それゆえに、最近の彼らの横行ぶりは、いまの学校教育、家庭のしつけ、さらには社会一般のあり方に、警鐘を鳴らすものといえよう。

たとえばさきごろ、千葉県勝浦海岸のキャンプ場で、東京の高校生が女性に暴行した。この高校は、昨年も同じ海岸で傷害事件をひき起しているのだ。いったいこの学校はどんな教育をしているのか、どこに反省の色があるのか。無頼な若者たちを生む一半の責任は、また家庭のしつけの仕方にもあるといえる。子どもをむやみと甘やかし、無責任に放任するのは、もはや社会一般の滔々（とうとう）たる風潮である。テレビの愚にもつかぬチビッ子番組、若者の総白痴化は着々と進行する。こうして学校でも家庭でも社会でも、人間としての生き方を、ついに教えられなかった若者たち――暴走集団を構成するのは、まさに彼らにほかならない。この事実を前にして、再思三考せねばならぬ立場の人びとは多いはずである。学校当局者と先生はこの際、学校とはものを考える人間をつくる場としての使命がある、ということをあらためて再認識すべきであろう。知識の断片をつめこむより先に、その情操を養うことに意をつくさねばならない。親はたたくべき時には子どものシリをたたく心がけが、なにより肝要といえる。

ドロ靴で電車の座席にあがり騒ぎまわる子どもは、やがて車中でくだらぬ歌を、恥知らずにわめき散らす若者になる道理だからだ。

以上は、八月十三日の朝日新聞の社説である。衆知のように、最近の朝日新聞は、左翼的な論調の為に、世間からは赤い新聞と思われている。その朝日新聞までが、このような社説を掲げたのである。

私はいきなり現代青少年の非難から書きはじめたが、しかし、この狂った現象は単に若者たちだけのことではなく、大人から子供に至るまで、国をあげての一般的現象だともいえよう。

今日の日本は、上は大臣から下は庶民に至るまで、国民の大部分が、日夜、物質的欲望の追求と、享楽のみに明け暮れているといっても過言ではあるまい。

このような現象を指して、私は現代の日本を〝狂った時代〟と名付ける。

現在の日本は、工業力・物質文明という点では確かに、アメリカに追いつき、ヨーロッパを追越す水準にまで達しているが、一方、精神文明は日本歴史はじまって以来、かつてなかったほど、思想的低迷、混乱状況を呈している。この豊かな物質文明と、空白な精神文化のアンバランスに対して、外国人から〝エコノミック・アニマル〟と軽蔑されるところまで落ちてしまっているのが現実である。

誤れる知識人の言動

なぜこのようになったのであろうか。

その根本的な原因は、敗戦による一切の価値観の否定からだと思う。

戦前の日本には、国と民族の進路を示す大目標がつねに高く掲げられていた。その善悪の批判は別として、そのビジョンが国民的使命観を支え、日本及び日本人は、その力量を最大限に発揮してきたのである。

ところが敗戦を境に、日本及び日本人は、国家の発展すべき目標、民族の使命観、および個々の日本人が生きる寄りどころにしていた一切の価値観を失ってしまったのである。というより、アメリカ占領軍によって否定されてしまったのである。爾来二十二年間現在に至るまで、その空白を埋める何ら新しい価値観も樹立されず真空状態のままである。

この世紀末的現象の進行と、二十二年間も何らなすところなく、ただ拱手してきた各界の指導者の責任は大いに責められるべきであるが、中でも最も罪深いのは、日教組傘下の小中学校の教師たちである。更に追及するならは、これら小、中学校の教師の先生たち、即ち、教育大学、学芸大学等をはじめとする諸大学の教授たちである。これらの左翼的学者や、マスコミ・ジャーナリズムの世界に働く多くの知識人が果たしてきた政治的言動は絶対に許されない。

独裁権力機構の後進国ではいざ知らず、文明の進んだ民主主義制度下の先進工業国においては、言論、出版界の占める比重は一国の政治を左右する決定的なものである。

戦後、日本から多くの、自然科学者（数学、物理、化学、医学等）が、欧米から招かれて行って、教壇に立っている。社会科学の分野ではほとんどいない。日本の水準が低いからである。

この最も遅れている社会科学の結果として、わが国に見られる不思議な現象は、共産党は当然のこととしても、社会党、総評を含め、知識人の多くが左翼的だということである。特に、新聞を初め、ラジオ・テレビ等のマスコミ・ジャーナリズムの左翼的ムードは、欧米のどこにも見られない特殊現象である。

新しい価値観の創造

今日、マルクス主義が、その有効性を保っているのは、未だ工業化の段階に達していない、中共を初め、東南アジア、アフリカ、中近東、及び一部の中南米の国々のみである。

マルクス主義の本家・ソ連でさえ、工業化を成し遂げ、国民の生活水準が向上してきたために、今日では、もはやその経済理論も神通力を失い、これまで資本主義経済の最大の〝悪〟と宣伝してきた〝利潤の追求〟のみならず、自由市場制さえもとり入れざるを得なくなってきたのである。

半世紀に亘る資本主義対マルクス主義論争において、

〝資本主義社会は、必然的に、これを止揚して社会主義社会になる〟

と言って、理論的勝利を誇示してきたソ連が、自ら、資本主義理論の軍門に降り、恥も外聞も廃て、中共を論敵に回してまで、マルクス主義に大修正を加えなければならなくなったのである。

さて、今日の、日本の経済的水準は、ソ連は勿論、ヨーロッパのほとんどの国を抜いている。にもかかわらず、わが国の進歩的文化人は、未だに執拗に、この時代遅れとなったマルクス主義に、しがみついているのである。

この不思議な現象――工業化の進歩、それに反比例する思想的後進性――これこそ、〝後向き〟即ち、〝反動〟というべきだろう。

われわれは、この〝反動思想〟を一刻も早く拭い去って、後世の日本人に誇ることができるような歴史を築かねばならないと思う。

それにはどうしたらよいだろうか。言うまでもなく、かつての国と民族のもっていた価値観に代わる、新らしい価値観を創造することである。この作業は実に難しい課題ではあるが、全国民の次代に対する義務なのである。

私はこの作業を古いイデオロギーにとらわれない若い青年たちに期待したい。

人間到る所青山あり

来年は明治百年。百年前の明治維新を顧みて想いを新たにすることは、三百年続いた徳川幕府を倒し、近代日本を建設した維新の志士たち——吉田松陰、西郷南洲、坂本龍馬、勝海舟は、いずれも二十代の若き青年たちであったということである。〝青年盛んなるとき国は栄える〟——この青年のエネルギーを、男子一生の夢に向かって燃焼して貰いたいと思う。

そこで、私は現代日本の青少年に次のことを提案したい。

——それは東南アジアの国々に雄飛することである。

現在、政府は平和部隊を外務省の後援のもとにアジア・アフリカの諸地域に派遣しているが、そのメンバーは、いわゆる優等生たちである。彼らは一年ないし二年、政府の命令に基づく仕事をして帰国する。その間、多額の手当を支給され、帰国後は出世コースが約束されているといった、いわば立身出世のために海外へ行くものが大部分である。

かつての日本の若者は〝馬賊の歌〟を歌いながら、ふつふつと沸き立つ情熱を抱いて満州に、シナ大陸に、南方へと雄飛して行ったのである。そしてガッチリとその地に根を下して、現地人を妻に迎え、再び日本に帰らない決意をもっていたのである。それはアジアの先輩としての自負と責任感からであって、何ら個人的立身栄達を願わぬ、若い情熱のほとばしりにほかならなかった。

現代青年はすべからく先人に見習い、単身、現地に雄飛し、明治以来のわが国近代化百年の体験を生かして、ゆるぎない日本との友好を深めて欲しいと思う。

私は、現代日本の青少年の中から、山田長政の輩出を願ってやまない。

おい、君達!!
若者に与える戦中派の弁

『日本及び日本人』昭和46年5月号

現代の虚妄を告発しながら、明日を担う若者達に、理想の人間像を、死生観を、心にうちたてよと、戦中派は祈る

はじめに

「今どきの若い者はなどと申すまじく候」と山本五十六元帥は言われた。南太平洋で、多くの青少年が玉砕した。元帥はその至純な心に打たれたのである。

私も常に、元帥と同じような気持で、青少年と接したいのだが、しかし現代の青少年に、死を賭するような歴史的使命観が与えられているわけではなく、また彼ら自身、死をみつめるほどの真剣さで、生をみつめる厳しさを持っているわけでもない。戦争に負けた大人達は、青少年を躾けることを止めたばかりか、彼らのご機嫌をさえとり、おだて続けて二十五年経った。

当時の小学一年生が、そろそろ三十代に達する。戦後の二十五年間に育った若者がそろそろ二十代と三十代の二つの世代を占めはじめた。ということは彼らが日本の次の時代、二十一世紀の世界の中の日本を背負って立つ世代だということである。

私は今、彼ら若者達に向かって、理想の人間像と世界観を明瞭に提示してやることはできない。しかし私は、現代日本の若者達の道徳律と行動様式の傾向を指摘し、私達のかつての青年

時代と比較し、批判し、善悪の感想を述べる事はできる。そこから青年達が自分なりに摑み取るものがあれば幸いだと思う。

右へならう群生動物

去る三月二十七日の毎日新聞夕刊に、次のような記事が載っていた。

「長年続いたNHKテレビの〝生活の知恵〟が終わった。その最終回でおもしろい実験をやっていた。若い女性二十人を五人ずつ四列に並ばせ、十五分間、ある絵をみせる。そのあと絵をかくして『絵のなかのデパートの名前は?』『銀行の名前は?』と聞く。そして最後に『赤いポストは絵の右側にあったでしょうか。それとも左側?』と聞いた。実はポストなどなかったのである。しかし、最前列に並んだ五人には、あらかじめ〝サクラ役〟を頼み、『右側』と答えてもらった。

するとと、驚いたことに、あとの十五人も全部『右側だったと思います』と答えた。そこで、つぎに別のグループに同じ実験をやった。こんどは反対に最前列の〝サクラ〟には『左側』と答えてもらった。結果は同じで、一人を除いて、みんな『左側』と答えた。

最初のときは、みている当方も『どっちだったかナ』と考えていたが、トリックが明らかになった二回目は、ありもしないものを〝サクラ〟につられて答えてゆく姿に、イライラするほどだった。実験が終わったあと、ただ一人『わかりません』と答えた女性は、司会者に『みなさんが自信ありそうにお答えになるのに、〝わかりません〟というのは本当に勇気がいりました』といっていた。

集団に支配される人間心理の弱さと、他人に同調することで幸福感をつかみとろうとする哀しさを、マザマザとみせつけられた思いだったが、同時に情報化社会のなかで、こんな人間の弱さを悪用されたらとんでもないことになると、背筋が寒くなった」と。

昨年、三島事件発生当時、私は、学者・評論家と論争したが、「三島由紀夫の死に触発されて七一年から七二年にかけて、山口二矢のような個人テロが出てくるんじゃないか、という予想に対して、私はそれは現代の若者に対する過大評価だと反論した。

ずばり言って現代の若者には己れがない。個の確立がない。右翼も左翼も集団に埋没した群生動物である。

左を見ると、若者達が毎日のようにゲバ騒ぎをやっているが、全共闘とか京浜共闘とかすべて集団である。右翼も一人一殺のテロなどは全く姿を消してしまった。彼らはいまや誇り高き人類という存在ではなくなって、一次元低い群生動物に成り下っている。

労働組合もまさに然りで、団交と称するものは群生動物の習性をもっともよく表わしている。私の会社（ラジオ関東）では、私は労組に対し「いつでもどうぞ」とドアを開け放してあるが、彼らが一人でやってきたためしがない。正・副委員長、書記長、中執と十二、三人がゾロゾロとまるで金魚のウンコである。

相互に牽制し、かつ依存する独立人格なきアミーバである。

彼ら群生動物の発言を聞いていると、決して「私は――」と言わない。いつでも「我々は――」という。これでは恋人にも「われわれはあなた方を愛する――」というのであろうか。事実、最近はフリー・セックスと称するものが流行しているようだが。個人の独立なき恋愛は、恋愛ではなくて、性の遊びにすぎない。

ＧＮＰ世界第二位、高消費、フリー・セックス、ファッション化時代等といい気になっているが、日本の若者達に、自我の確立、個の主張がない必上、文明史的にはまさにヨーロッパの近代以前、フランス革命以前だといわざるを得ない。

ボロは着てても

〝ボロは着てても、心は錦〟とは、水前寺清子の歌だが、この歌のヒットをよそに現実はなんと、〝錦は着てても、心は寒い《クール》〟な若者達が多いことか。

〝欲しがりません、勝つ迄は〟で、耐乏に耐乏を重ね、あげくに敗けて占領され、ガリオア・エロアの援助物資でやっと食いつないできた体験のせいか、経済的復興のみにうつつを抜かし、おかげで世界でも指折りの豊かな国にはなった。しかし精神的復興の方は甚だしく立ち遅れて、明治維新百年の歴史の中で最もプーアな状態にダウンしている。

今の若者達は戦争より暴力のほうが、より悪いことだと信じている。非暴力主義というと、私はバートランド・ラッセルを思いだすが、彼は、「もし第三次大戦が起きて、イギリスがソ連と戦って滅ぼされるよりも、仮にイギリスが共産化され、ソ連の奴隷になっても、戦わずに生き延びたほうが良い」と主張していた。

私の青少年時代は、虜囚の辱めを受けるくらいなら名誉ある死を選ぶべきだと教えられ、またそのように生きてきた。

私は〝士は己れを知るもののために死す〟という言葉には大いに感動したものだが、私達は心のあり方を、常に物質よりも優位に考えてきた。精神が物質より優位であること、すなわち心の豊かさこそ人間の人間たるゆえんなのである。

理想の人間像

戦後の教育は、歴史を社会科と称し、歴史を考古学の片々たる独断と、無味乾燥な年代記に変えてしまった。英雄が抹殺され、かわって人民大衆という無人格な集団が歴史の主人公になった。大衆が悲劇の受難者であり、変革の推進者となった。

かつて幼少年の情操教育の最も優れた材料であった歴史上の英雄主義は、戦後は逆に弾劾と告発の対象として少年達に教えこまれている。

教育の場から英雄主義と理想の人間像が消え去って二十五年たった。そして教育とは、子供達がわがまま勝手に振る舞いながら、面白おかしく学習するよう仕向ける事だとされて来た。

かくて現代の若者達は自己の品位を陶冶する対象を持たないままに成長し、身勝手でいつも欲求不満で、自信も反省力もない没個性的人間として大量生産されたのである。

また、〝戦争は罪悪だ！　戦争反対！　暴力反対！〟と、徒党を組んで騒ぎ立てれば、戦争は決して起こらないかのように自分も思いこみ、他人にも思いこませようというのが、日本の左翼である。左翼の理論からは起り得ようはずのない事が、ハンガリーやチェコで起こったが、日本の左翼にはこれを批判したり論評する資格がない。

何となれば彼らはただの口舌の徒で、しかも共産主義国家の軍隊が攻めて来たら直ちにすすんで内通降参する手合いだから。これもまた日本特有の現象である。

こうした日本特有の珍現象も、もとはといえば物質的繁栄に対して精神復興がなおざりにされて来た至極当然の結果なのである。

男の時代

敗戦と同時に日本の男達は皆、敗残兵になり下った。首を垂れ、尾を垂れて、ひたすら無謀な戦争の責任を自他に詫び続けて、二十五年たった。大人達のこうした自信喪失の中で育った若者達は、男が男である事を止め、その度合いに見合って、女が女である事を止めた。

民主主義、平等、人権等の解釈をはき違えて、女はウーマン・リブ、男は半男半女となり、人間社会は性別にはっきりしない、アミーバ集団と化した。

男女平等とは社会的権利としての男女の機会均等を言うのであって、男と女の性の相違を抹消する事とは全く次元の違う事柄なのである。

男が男である時、はじめて女が女になれるのである。源義経に対する静、信長に対するお濃、坂本龍馬に対するお竜、坂田三吉に対する女房の小春等々数えあげればきりがない。

男の仕事は社会で競争し、建設し、創造する事であり、女の仕事は男を受けいれ、子を産み、育て、愛の巣を営む事である。男女の性の相違とは、実にこれである。現代はやりのいわゆるマイホーム主義は、男が自己の本性に反し巣作りをはじめ、男の使命観を喪失させ、あわせて男としての魅力を失わしめてしまった。

男らしい男とは、祖国のため、人類のためといった使命観に死ねる男であり、そうした男こそ、女から見て、心底惚れて惚れぬける男であろう。また女らしい女、魅力ある女とは、惚れた男のために死ねる女である、と私は信じている。したがって、女と心中する男なんぞは男の屑であり、他方、和製ローザなどと左翼にもてはやされて、ゲバの先頭に立って喜んでいる女ほど、男にとって魅力のないものはない。

昭和二十年までは戦争の時代であり、男の時代であった。敗戦後の二十五年間は、いわば女性上位の時代である。

これからは、戦争なき男の時代、すなわち経済競争においては自由化のさ中、脱工業化社会に向かって創造的な個性を発揮するのみでなく、世界観、人生観においても、新たな目標と使命観を打ち立てる時代に入ろうとしていると思う。

下からは下剋上、上からは大衆に媚びを売る現在の間違った民主主義を改め、リーダーシップの確立したデモクラシーを定着させなければならない。

結　語

最後に、私が最も嫌いな言葉は〝酔生夢死〟である。私にとって自分の死に様は、かくありたい、という事こそ人生最大の関心事である。

私は自分の死に様について、心に定めた一つのあこがれを待っている。

それは信長の本能寺の死である。あれこそ、男子の本懐である。

私は高杉晋作のように生きて、信長のように死にたい。これが私の理想の人間像であり、また死生観である。

願わくば、現代の若者達よ！

君達の一人一人が理想の人間像と死生観を心のうちに打ち建てて欲しい。それが二十一世紀に向って日本を担って行く君達が、今直ちにしなければならないことだと思う。

第五章

遠山景久の横顔

自著『ヨーロッパ　ケチョンケチョン』の
出版記念会にて稲山嘉寛八幡製鉄社長と歓談。
（昭和43年／ホテルオークラにて）

著者の横顔——川合貞吉

遠山景久著『思想は発展する』（論争社）
昭和35年8月刊行

著者を知る者は多い。しかし、著者を深く理解していると云い得るものは少ないのではないか。それほど著者の経歴や性格は、日本人一般の生活感情の狭い幅からはみ出ている。

もとよりこの小文が彼の横顔を全面的に語りうるものではないが、少なくとも私はその一角を、特に著者を見る上で最も重要だと思われる一面を明らかにしたいと思う。

戦前戦後を通じて彼の生涯を一貫しているものは、激しい抵抗の精神である。彼に最も顕著なものは、自由で強い独立心、加うるにダイナミックで建設的な開拓者魂であろう。彼のように既成の権威から自由で、しかも少しも小児病的でなく、前方に向かってますます意欲的な姿勢を示している四十代の日本人を、私は一人も知らない。

以下の経歴を読んでおわかりのことと思うが、著者はもとより学者先生ではなく、またいわゆる「進歩的文化人」でもないが、彼は常に学問に対し謙虚な一学徒たらんと努めている。彼

川合貞吉氏はゾルゲ事件で検挙された反戦運動家。明治大学在学中から反帝・反軍運動に参加し、後に尾崎秀美、ゾルゲを知り、彼らの協力者となり、情報活動に従事し検挙される。戦後は言論活動を行ない、著書に『ある革命家の回想』『革命の哲学』などがある。

の波乱に富んだ経験に裏づけられ、独創的な発想に導かれて書きあげられた本書は、また真摯な思索の結実でもある。この点を私は特に強調したいと思う。

思うに日本の進歩的知識人に多く見られるように、左の権威に倚りかかって保守権力を批判し、また一部売文業者の如く権力に追従して左翼を悪しざまに云うことほど、やさしいことはない。左右どちらの権威にも頼らず、良識をもって、米ソを批判し、自主独立の日本の途を説くことこそ今日最も必要なことであり、かつ勇気を要することである。著者こそそのような勇気をもった人間であることは、私が云うまでもなく本音の内容がはっきり物語っていると思う。

★

彼は大正七年東京神田で生まれた。

四歳で父と死別、遠山家には、借財こそあれ資産はなかった。

当時判事となった若い長兄は母と八人の弟妹を養うべく、台北の裁判所へ赴任し、そこから東京の家族へ送金した。植民地台湾は内地より役人の俸給は五割多かったためである。

著者の直ぐ上の兄景弘は東北帝大に学び、共産党員として天皇制権力に対する反抗運動に身命をなげうつに至った。後に景弘は獄死するのであるが、彼の短いが全青春を賭けて悔いない生涯は、少年景久の心に決定的な影響を与えたものと思われる。学校も成績良く将来を嘱望されていた景弘が検挙された時は、著書の母は気も狂わんばかりになげき悲しみ、弟妹のために自己の青春を犠牲にし、遠く台湾にまで出嫁ぎに行って苦労していた長兄の失意落胆は想像に余りあるものがあった。

著者は中学卒業後、封建的で厳格な三兄のもとに預けられ、無理矢理一高の試験勉強を強制された。少年の頃より反抗精神旺盛であった著者は、このような家庭内の煩悶からたえず逃れようとし、遂に家出し、街の愚連隊の群に投じたのである。封建的な家庭に対する反抗、兄を奪った警察への憎しみ、青年の夢を踏みにじる専制的な日本社会への反逆等々がその動機であった。

しかし、大平洋戦争が始まり、昭和十七年、著者も召集された。陸軍の幹部候補生将校として多くの部下を教育する責任ある部署で戦時中を過したことが、退廃的な愚連隊生活に終止符をうつ一転機となり、戦後彼が思想的にも成長し、社会的にも新しい飛躍を遂げる契機となった。

著者は敗戦と同時に、隊の兵器や資材が米軍に没収されんとした処を、いちはやく、トラック三輌と、それに満載の米、罐詰等を隊外に運び出し、東京銀座で運送店を始め、毎日数千円の利益をあげた。

かくて西銀座の今の文春新社の前に五万円で家を買い、彼を頼って集まってくるあらゆる人々（戦前の愚連隊の仲間から、敗戦と共に出獄した亡兄の友人達に至る迄）に闇物資で御馳走を振舞った。それは誠に現代の「梁山泊」の観があったのである。

昭和二十一年一月二十六日、野坂参三歓迎国民大会（日比谷公園）で復員軍人代表として、勇ましい左翼的アジ演説をやり、六万の聴衆を沸かしたのもこの頃である。

同年三月、戦後第一回の衆院選挙に立候補し、彼の選挙区は二名連記制であった所から「野坂参三と遠山景久にご投票ください」と演説会で訴えながら戦ったが、一万七千票で惜敗した。

同年八月、銀座で飲食店を開業したが、間もなくマッカーサー司令部の発令した料理飲食業の禁止令に対し、全国の同業者に呼びかけ、これを組織して政令解除運動を起こしたが、団結力弱く成功しなかった。

昭和二十三年、文化学院で講師として唯物論を講義したこともあった。

昭和二十六年、レストラン『アラスカ』を開店。

この頃より河野一郎氏、鳩山一郎氏と特に親交をもち、同年末より当時目黒にあった河野邸（現在松田竹千代代議士宅）に河野氏と同居し起居を共にした。

又、神山茂夫氏とも親しく交友し、日共の徒党化と腐敗及び火焔瓶等の極左冒険主義に対する、神山氏の権威を恐れない厳しい批判的態度に大いに共鳴したのだった。

その後昭和二十九年、神山茂夫氏は日共から除名されたが、その時、アカハタや商業紙に発表された除名理由は、著者が児玉誉士夫氏と特殊な関係がある人間であるかのようにでっちあげ、その著者と親交があることが神山氏除名の決定的理由とされていた。この日共の手段を選ばぬでっちあげによって著者の社会的信用はひどく傷つけられ、そのために受けた物心両面の損害は図り知れないものがあった。

昭和三一年に出版社拓文館を経営し、同社では次のような著書を刊行した。

小山弘健編　『高校生いかに生くべきか』
五島勉著　『アメリカへの離縁状』
津久井竜雄著　『右翼開眼』
竹内好編　『世界の七つの顔』
大井広介著　『左翼天皇制』
同　『革命家失格』
松田道雄著　『現代史の診断』

拓文館は『革命家失格』を最後に潰れてしまったが、日共の政治悪に鋭いメスを入れた大井氏の二著ほど、ドストエフスキー著『悪霊』の主人公ピョートルの日本版たる代々木徒輩を震撼させたものはなかったのではあるまいか。

この問、六ヵ月ほど香港に遊ぶ傍ら、新興中国の横顔を研究した時代もあった。

★

ソ連の二十回大会によるスターリン主義の罪業の暴露と、ハンガリア民族革命に対するソ連の弾圧等を契機に、彼の思想は大きく発展し、現代共産主義に対するはっきりした批判力を獲得するに至った。

拓文館の解散後の二年間、やることなすこと意に反して、彼の事業は悉く失敗に帰し、経済的には裸同然となってしまった。こういう時、往々、普通の人は焦りに焦って再起不能に陥り、人間的にもだめになってしまうものであるが、彼は、「慌ててもはじまらぬ。禍福は糾える縄の如し、順境に在りて驕る勿れ、逆境に在りて怯む勿れ、人事を尽して天命を待て」とばかり、慌る心を落ち着かせて読書と思索に日を過した。

彼は人間形成を終生の事業とすべく心にきめ、いついかなる場合に死んでも、悔いのない境地、即ち安心立命を至高の目標として、瞬間々々に最善を尽くし、かつ「自ら省みて直くんば、千万人と雖も我行かん」との気概を胸中に秘めて再起に備えたのであった。彼が逆境にあってもへこたれず、人の救いを求めることを好まず、泣き事を云わず、知己、交友、人間関係においても尽くすべきを尽くしたので、極く親しい友人以外は、余り彼の逆境を知らなかった程である。また彼が順境にあった時とは打って変った態度をとった人々にも、再起した後も従前通りの態度をもって臨む度量を持ち得たのも、彼のこうした東洋的禅的な人間修養の側面を物語るものと云えよう。この二年間の逆境を経て、彼に一段と人間的に深さを増したように思われる。こうした意味で、この逆境の二年間は彼の今日を語る上で見逃すことのできないものと私は考えている。

彼は、再び三十三年頃から、経済的に立ち直った。彼の逆境を知る二、三の親友、先輩が彼を応援したのも、平生からの信義を守る彼の態度に対する信頼故であった。彼は再起後更に三十四年、出版社論争社を設立し、本書中の『雑誌「論争」発刊のことば』に見られるが如き抱負をもって、雑誌『論争』、論争叢書、その他の野心的出版を行い、論壇で『論争』について「楊の枝芽吹かば、夏遠からじ」と、前途を期待されるに至った。逆境にめげず、捲土重来再起した彼のファイトに私は心から感嘆し、かつ拍手を送ったのである。

★

以上が私の見た彼の横顔である。最後に一言付け加えさせてもらえば、彼の外観から来るファースト・インプレッションはいかにもスマートで、ボンボン然とした二枚目という感じがする。そのため彼の若い頃の悪戦苦闘、激しい性格等を想像できない。これは両親に感謝すべきであろう。又、彼の性格の中には極端な短所と長所が隣り合わせに同居している。大変冷たいかと思うと又情が深い。冷徹で粘り強い面を見せるかと思うと、屢々激情的になり、又腹を立てる。人に対するに、どんな社会的地位の高い人でも、又つまらん人間でも、相手の地位によって態度を変えることがない点は、彼の優れた長所だと思う。彼の場合、短所が即ち長所、長所が即ち短所として混然一体となっているが、彼の短所を責めれば、角を矯めて牛を殺す結果になるに違いない。

そして更に付け加えれば彼の外観の印象から、いわゆる〝青白いインテリ〟の行動力のなさを連想することは、とんでもない間違いである。私はかつて、彼ほどの行動力と、激しい性格の男を見たことがないのである。それはちょうど踏まれても踏まれても、芽を出して来る野生のペンペン草のようなたくましさである。然し最近はその激しさが、彼の成長のためか、荒削りのまま表れず、教養に包まれてきている、と評したらほめすぎであろうか。

大宅壮一対談

むかし陸軍いまマスコミ

7代目〝遠山の金さん〟の経営哲学

『週刊文春』昭和43年5月27日号

江戸末期の名奉行といわれた遠山金四郎をご先祖にもつだけに、この人の血はたえず燃えたぎっているようだ。少年時代は愚連隊、戦後の青春期は〝アカ〟、その後は一転して進歩的文化人に噛みつくナショナリスト——という激しい変り方である。昨年、民放界に身を投じて以来、ラジオ・テレビの「一億総白痴化」をいかにしてくいとめるかに粉骨砕身の今日このごろである——。

★…長身。ひきしまった身体。ぜい肉がない。その上ハンサムである。身だしなみもキチンとして、神経がゆきとどいている。五十歳という年齢より十歳は若くみえる。

一面「なんでも思ったことは、歯に衣着せずにポンポンいってしまうので、敵も多い」との評もある。たしかに、話がすすむにつれて、鼻っ柱の強そうなところもチラッとのぞかせた。

大宅 あなたは色男だな。

遠山 いやァ……ついこないだも、ある同人雑誌に「男の顔」という随筆を書いたんですが、この顔でどれだけソンしているかわかりませんよ。二、三年前、あるホテルのプールで泳いでいたら、外人客に「ガクセイサン、オヨギウマイネ」といわれたときは、ウンザリしました。それから男の嫉妬は、女以上ですね。エライ人を座敷へよ

んで、一生けんめいサービスしているのに、芸者がこちらへばかりサービスして、できかけた話がこわれたことも、何回かありますね。

大宅　経営者があまり女にモテるというのは、よくないですな。

遠山　そうですね。男は鬼ガワラみたいな顔してる方が、大きい仕事ができるんですよ。

大宅　ご先祖の遠山の金さんも、ニガミばしったいい男だったんですね。

遠山　らしいですね。わたしなんか、自分では抱擁力もあると思ってるんですが、なかなかわかってもらえない。スキがない、冷めたい、という感じをまずもたれますね。

ソンですよ。豪傑顔の人は気が小さくても、なんか頼りになるような印象を与える。女性からも信頼感をもたれますからね。

大宅　女に対しても、競争相手の男にも、まず武装解除させるようなマスク……そういう点では、三枚目的な顔の方がいいな。

遠山　終戦直後に、松竹のある人から「きみはニヒルな味があるから、机竜之助か新納鶴千代をやらせたい」といわれたことがあります。

大宅　そういえば、ちょっとニヒルな感じだな。

遠山　とにかく豪傑のマスクがほしいですね。明治維新のころ、橋本左内は女に見まごうばかりのナヨナヨとした美貌だったそうですが、西郷南洲はひと目で彼の人物を見抜いた。でも、いまはそんな具眼の士はいないでしょう（笑）。

「学力優等、品行は問わず」

大宅　ところで、あなたがラジオ関東に入ったのはどういうわけですか。

遠山　これは私の人生観、社会観につながるんです。よく「むかし陸軍、いま総評」といわれるが、ほんとうは「いまマスコミ」だと思うんですよ。政治を左右する影響力のあるのはマスコミだ。だからマスコミで、日本の政治情勢をよくしよう、さらに世界の政治情勢をよくしよう、という考えからです。

大宅　ああいうところへ入って行くには、非常に勇気を要しますね。入れる方も、入れる方だけれども（笑）。

遠山　痛烈ですね、こりゃァ（笑）。わたしが入ったときは、入れる側の主体性はなくなっていました。河野（一郎）放送局でしたから、河野さんが亡くなったトタンに柱がなくなったという感じで、無政府状態でした。無配が二年つづいておったんですよ。そのとき（河野一郎氏の）弟の弘さんから「やらんか」と話があった。「兄貴が亡くなってから経営はガタガタ、組合はヒドイし、これじゃどうにもしようがない」というんで、オハチがわたしにまわってきた。

大宅　河野さんといえば、生きてるうちは財産がたくさんあるという話だったが、死んで調べてみると、そうでもないという話もあるが……。

遠山　ある程度はあるでしょうね。現金というより不動産ですね。那須のご用邸のあたりに数十万坪あるんですが、あれを坪いくらで評価するかによって、ずいぶんちがっちゃうでしょう。

大宅　ほかにそういうものは？

遠山　あとはビルですね。ところがビルも那須の土地も、みな担保に入っているんです。

大宅　あなた自身も非常に財産があるという話だが、どうですか。

遠山　どの程度を財産というか（頭を軽くユスリながら、しばらく笑って）その基準が問題ですね。いま銀座でバーを開くのに五、六千万円はかかる。喫茶店だって二、三千万かかるんです。わたしはラジオ関東の株を五千万円買って入ったんです。なにしろ無配がつづいていたから、ほとんど額面のままで買えた。それで「スゲエな」というのは、銀座のバーや喫茶店のことを知らない人でね。

ある時期、人間はグレる必要がある

★…遠山景久。大正七年、東京は神田の生まれ。中央大学卒。〝刺青（いれずみ）判官〟で名高い遠山金四郎の七代目。その血をひいたのか、波乱万丈の人生である。

四歳で父に死別。十六歳のとき家出して、愚連隊の群れに投じた。「封建的な家庭に対する反抗、共産党員の兄（景弘）を獄死させた警察、ひいては専制的な日本の社会への反逆」が、その動機だったらしい。昭和十七年応召、終戦のときは陸軍中尉。

昭和二十一年一月、日比谷公園で開かれた野坂参三歓迎国民大会で、復員軍人代表として、左翼アジ演説をぶち六万の聴衆を沸かせた。戦後第一回の衆議院議員選挙に立候補したが、惨敗。交友関係はきわめてひろく「右翼から左翼、ヤクザから大学教授」まで。故河野一郎と親交をもち、一時河野邸で起居を共にした。また、神山茂夫とも親しくつきあい、それが二十九年、神山氏が共産党を除名されたときの決定的理由とされた、という。その後マスコミに足をつっこみ、拓文館、論争社などの出版事業もやった。

大宅　あなたの書いたものを見ると、どうも経営者に向かないような気がするけれども、それで経営できるんですか。

遠山　社長になってまだ四ヵ月ですからね。少くとも一年見てもらってから、点をつけていただきたいな。

大宅　まあ、あなたのような人が、一応、企業も経営できるということを証明することは、非常に大事なことだな。われわれからみれば、格好の実験動物ですからね。

遠山　（大きく笑う）ものを書いたり、しゃべったりする人の弱い点は、貸借対照表、複式簿記を知らないことですね。実際、経営者の中にも、貸方、借方を「タイホウ」「シャクホウ」と読む者がいるそうですよ。

大宅　あなたはわかるんですか。

遠山　大学で経済をやりましたからね。簿記がわからなきゃ経営者の資格はない、と思いますね。

大宅　遠山金四郎は若いころ非常に遊んで、ナラズ者の世界、つまり世の中のウラのウラを知っていたから、裁判官になっても名裁判官になれたわけでしょう。あなたも若いころ、非常にグレたそうですね。

遠山　島木健作の『生活の探求』に暗示をうけたんです。その本の主人公は、思想的な行きづまりで家を出て、愚連隊に身を投ずる。しかし、非常に個性が強いために、ヤクザの中にいながら、つねに灰色の青春で、時代は次第に戦争へ向っていく。自分の人生観とちっとも合致しない世の中に生きて、主人公は世をすねていく……。それを中学時代に読んで私もそんなふうになっちゃったな。

大宅　ある意味で、暗い谷間をうろついていたんだな。いまのヒッピー族みたいではなかった……。

遠山　私らの年代の青春時代は、ほんとうに灰色だった。就職難でしたしね。ストレス解消の場が、ぜんぜんなかったんです。玉の井あたりで、女と寝るぐらいじゃなかったんですか。

大宅　しかし、ある時期、人間はグレる必要があるな。そのおかげで、マスコミ人種は愚連隊じみているから、それを扱うコツはわかっているでしょう。

遠山　まあ……。私の社員モットーは「学力優等、品行は問わず。ただし品性高邁（こうまい）」というんです。品行と品性のちがいは、ヘソから上と下である。女性は品行と品性が一致しなきゃならないが、男性は品性さえ高邁ならば、品行は問わない。よくできる人はワクにはまらないですからね。

大宅　それで社内、いろんなしめしがつきますか。

遠山　つきますよ。よその社もそうだと思いますが、ラジオ関東はみなおとなしすぎて、カミついてくるのがいない。もっと暴れん坊になれ、というんだが。

遠山金四郎の高いスタミナ

大宅　あなたの兄さんは判事だったんですか。

遠山　兄貴が五人いまして、長兄が判事でした。いまも生きていますが、この兄貴に育てられた。二番目は台湾電力につとめていて、爆死しました。三番目は海上保安庁で、去年、胃ガンで死にました。すぐ上の兄貴が左翼運動をやったんです。二度も三度も警察に捕まった。私はそのころ中学生で、外国の左翼関係の本を読んだりしていました。兄貴がガサ食ったとき、おまえのところにも何かないか、とガサ食ったことがあります。ぼくは運動はしませんでしたが、そういう思想のルツボの中で育ったわけです。

大宅　若干、保菌者ではあったんだな（笑）。

遠山　ところが戦後、復員して帰ってきて、天下晴れて野坂参三の帰国歓迎会がひらかれたとき、復員軍人代表演説をやったんです。それから昭和三十一年のハンガリー事件まででした。

大宅　神山（茂夫）が共産党を除名されたとき、あなたも入っていたの？

遠山　ええ、秘密党員でした。

大宅　とにかく兄弟みんな、感度が強そうな一家ですな。やはり遠山金四郎の影響ですか。

遠山　ですね。それからこんな気がするんですが、日本でのよきマナーの伝統、日本人の風俗習慣のよいものは、貧乏士族の末裔（まつえい）に脈々とうけつがれている……。

大宅　それに、家に伝わっている潜在的な力というものがあるね。いわゆる家系・家名というもの、それが心理的に影響を及ぼす。子供のときに「おまえの祖先はこうだった」といわれることで、なにかスタミナの高い人間をつくる。先祖という概念が、非常に潜在的な力を与えるんじゃないかと思いますね。

ところで、あなたの『ヨーロッパ　ケチヨンケチョン』という本を読むと、いろんな女に会うが、ヘナヘナになってそのまま帰ってくると書いてあるが、あなたの年配にしてはおかしい（笑）。

遠山　わたしは数年前、胃ガンの手術をして黄色い血を輸血されてから、とみに衰えてしまいました。

大宅　奥さんにも読ませたんですか。

遠山　読ませました。

大宅　何ともなかったですか。

遠山　わたしの女房は八人目でして、うちはまったく亭主関白なんですよ。英雄崇拝ですね、女は。男が強けりゃ、女はついてきますよ。

大宅　将来、駅伝競走みたいに、まだ相当乗り捨てていくんですか。

遠山　いや、もういまので……最終ランナーです（笑）。

〝電波の落雷〟をどうしたらいいか

★…遠山さんの『論客と剣客』という本に、こんな一節がある。「昔の剣客は剣一本で生きぬいてきた。この意味から、真の論客はペン一本で生き、常に真剣勝負を辞さない人でなければならない。……ところが現代の日本には、年功序列式の自分の道場だけの流儀に満足し、決して他流とペン技を競（きそ）おうとせず、まして挑まれても決して受けて立とうとしない、お家大事、いいかえればわが身可愛いさのお座敷剣法が横行しているのである」

この〝流儀〟で、かつて〝進歩的文化人〟にカミついた。——「戦後日本の産業が発展してきた過程の中で、多くの学者、文化人達は、支配的な政治体制から絶えず疎外されつづけてきた。ために彼らは自己の学問、とくに社会科学を現実世界に建設的に役立たしめる能力を養いえないばかりか、逆に反権力、反体制運動への理論的奉仕に終始し、観念と抽象の世界で、ロジックの遊戯にふける結果となっている」

民放入りをするやまた嚙みついた。

「世間では、新聞・ラジオ・テレビを一括総称して〝ジャーナリズム〟と言っているが、放送界の現状は、いずれの局も、ほとんど娯楽番組が大部分であって、ニュースや教育・教養番組の占める割合は非常に低く『一億総白痴化』に拍車をかける娯楽媒体になっている。真の言論機関〝ジャーナリズム〟の呼称にふさわしくないといっても過言ではないと思う。しかも、この傾向は年とともに強まっている」

※

遠山　世間ではマスコミ、ジャーナリズムのなかに、ラジオやテレビも入っていますが、民放の経営者には、ジャーナリストとしての使命感がはなはだ薄い。

大宅　ラジオ、テレビは発足したときから、企業、経営という形でできたからね。新聞や雑誌とちがう。商人の使命感なんだな。マスコミにたずさわる人間の使命感とは、まったくちがうんだね。

遠山　そこから電波の堕落がはじまるんです。これでは日本の国民思想、世論というものが、ちっとも向上しない。これでいいんでしょうか。

大宅　堕落といえば、すべての企業が堕落ということになる。たまたま、マスコミ関係の企業は、企業の中でも人間の頭脳に関係する仕事だから、いっそう堕落ということが強く意識される……。台所で知的栄養剤を加える、その中に非常な毒がはいっていると、社会に害毒を流すことになるわけだな。しかし、新聞でもだんだん企業的性格が強くなってきていますね、販売競争なんか見ていると。

遠山　ですからね、私は「パーソナリティ大学」を作ろうと思っているんですよ。

大宅　ぼくのところのマスコミ塾を大学にしても、経営的にはやっていけると思うんだが、ぼくがあえて塾という形をとったのは、せいぜい生徒は五、六十人以内でないと、知的交流のある教育はできないと思ったんです。あなたも、塾的性格の大学を作ってみるといい。

遠山　ええ。ラジオ・テレビの世界でこれから必要なのは、パーソナリティなんです。パーソナリティというのは、アナウンサーがタレントなんですね。日本のアナウンサーは、人のかいた原稿を読むだけだ。標準語のしゃべれる小学生の朗読ですよ。思想、政治、経済、スポーツ、音楽などのパーソナリティをつくって、視聴者からの電話の質問に、どんなものでもパッパッと答えられる。その人の魅力で視聴者をひきつける。番組全体がアドリブの連続のようなものです。アメリカは全部そうだが、日本ではそれがない。大宅先生くらい……。

大宅　そのかわり、失言する可能性がある（笑）。

なぜ放送に個性がないのか

遠山　アメリカではパーソナリティが百万、二百万という高給をとっている。その人が他の局へスカウトされると、とたんに視聴率がさがる。日本も単なる解説でなく、問題をほりさげ、予想、予断のできるパーソナリティを、いまや必要としていると思いますね。

大宅　新聞とラジオ・テレビとは成り立ちがちがうんだ。新聞は薩長の権力にやぶれた連中が新聞にたてこもり、反権力闘争という形でスタートし、それが大衆にウケた。ところが放送は、NHKという官庁のおしきせからはじまった。NHKのアナウンサーの養成というのは、NHK的な標準があって、それに合うような人間だけつれてきて訓練した。

遠山　規格品だけ作ったんだな。

大宅　アナウンサーの話し方だけでなく、ニュース解説まで、その人たちの頭にカンナをかけて、デコボコをなくした。パーソナリティがないんだ。木目（もくめ）がなくなっちゃって、つまり、みんなペンキをぬったんですよ。

遠山　ほんとに解説に、予断とか見通しがないですね。10チャンネルの「大相撲ダイジェスト」を、秀の山親方がやっていますが、あれが典型です。「きょうは大鵬が強くて勝ちました」という結果論だ。いまの解説はみんな、「雨が降ったから、天気がわるい」式ですよ。

大宅　時事解説でも強い個性をもった人がないね。みんなおしきせ、ハッピを着た発言だ。まあ、しかし、ラジオ・テレビ放送というのは、一つの非常な利権であり、大きな企業だしね。企業の安全性ということから、そういうふうになってくるんだね。

遠山　日本はまだまだ、ラジオ・テレビの競争がなさすぎる。日本は現在、五十六局。アメリカは六千局ですからね。しかし、競争のはげしい新聞や雑誌でもみんなデパート式で似ていますね。

大宅　いままでマスコミは「不特定多数」と「特定少数」に分かれていたのが、ここにもう一つ「特定多数」というのがあらわれた。創価学会の『聖教新聞』その他、共産党の『赤旗』（とくに日曜版）がその例ですよ。こういうものが出てくると、マスコミも影響をうけるな。

あとがき

ここに一枚の写真がある。

昭和六十年二月、都内の料亭で写したものである。いつもは厳しい表情の遠山景久先生であるが、この日は岸信介・田中角栄両元総理と一緒に穏やかな顔で写真に収まっている。

田中元総理が脳梗塞で倒れる数日前、三人が親しく懇談した時のものである。

遠山先生を最もよく知り、最も信頼を寄せておられた岸信介元総理は、日頃、遠山先生を、こう評しておられた。

「彼はやっぱり遠山の金さんだよ。われわれのように長い間の役人育ちから見ると、とても及びもつかぬ突飛な発想が次から次へと湧いてくる。当代稀な人材だと思う」

遠山先生は、異見には活発に論争を挑み、その歯に衣着せぬ舌鋒は強烈で、初対面であろうと、旧知の仲だろうと、遠慮会釈なかった。

かつて、田中元総理とも初対面の時に、激しく論争を挑んだこともあったが、この時は楽しい一時を過ごしたのであろう、実に穏やかでゆったりした表情である。

岸信介・田中角栄両元総理と懇談（昭和60年２月）

遠山先生は、人が間違ったことをした時には実に厳しく叱責したが、反面、心を許すと徹底して面倒を見る優しい人であった。厳しさと優しさの両面を持った人だったのである。

こうした強烈な批判精神を持った遠山先生ではあったが、その交友関係は実に多岐に亘っていた。昭和四十一年七月、数万部を売り尽くすベストセラーになった自著『ヨーロッパケチョンケチョン』の出版記念会が東京港区のホテルオークラで開かれたが、数百人が参加し、実に盛大だった。その時の発起人のメンバーを見ると、遠山先生の交友関係が良く分かる。

鮎川義介、安西浩、稲山嘉寛、石原萠記、大池文雄、加藤寛、岸信介、寒河江善秋、嶋中鵬二、高杉晋一、高橋正雄、田中美知太郎、土居明夫、中村菊男、鍋山貞親、西尾末広、二宮信親、林健太郎、林房雄、原安三郎、平林たい子、福島慎太郎、福田赳夫、本多顕彰、松永安左衛門、松尾邦之助、室伏高信、森繁久弥、安岡正篤、与良ヱ、和田春生（五十音順）他多数。

その正義感に燃えた強烈な個性は、敵には恐れられ、同時に、味方からは絶大な信頼を得ていたのである。

今回、遠山景久遺稿集を刊行するに当たり、遠山先生の著書や新聞掲載論文などを読み返したが、その強烈な反骨精神に裏づけられ、批判精神に富んだ言論に、改めて深い感銘を受けた。

わが国の言論界に、とかく論争を避けたがるが、遠山先生は日本の言論人に、「勇気をもって論争を行え」と提言し続けた。

著書『論客と剣客』（昭和三十六年論争社刊）で、こう書いている。

「昔の剣客は、剣一本で剣一筋で生き抜いた。この意味から、真の論客とはペン一本で生き、常に真剣勝負を辞さなかった。論客はペンによって世に立つ以上、ペン一本を頼りに、絶えざる稽古と精進と、真剣（ペン）勝負によって、自己の論理を磨き、さらに一家をなし、道場、いや学閥を構える程の者なら、他流に挑まれれば、いつでもペンをとって受けて立つだけの心構えを持していなければなるまい。昔はやくざの世界に股旅者というのがいた。私は文化人の世界、思想の世界でも、親分なしの子分なし、一本どっこの旅ガラス精神を鼓吹したいと思う。

あとがき

思想家にとって、自我の確立という近代の根本前提が未成熟な点はまずヨーロッパとくらべて、贔屓目に見ても五十年は遅れているといえよう。産業社会はもう間もなく先進国並みになろうという今日、〝もう一つの二重構造―産業と思想状況のアンバランス〟ともいうべき、後進性を打破する勇気ある人々の出現を私は待望するのである」

遠山先生は、「親分なしの子分なし、一本どっこの旅ガラス精神」を鼓吹されたが、しかし、わが国の言論界は今も残念ながら、論争を避ける島国の蛸壺状況から脱しきれないでいる。

戦後六十年を経て、こうした思想的後進性からいまだに脱することができないまま、諸外国からの批判に理性的な対応ができず、偏狭なナショナリズムに依る言論と、相手に擦り寄る迎合的言論が横溢している。じつに情けない限りである。

泉下の遠山先生はどのような思いで、今日の言論状況を見ておられるだろうか。

平成十七年七月十三日

遠山景久遺稿集刊行委員会

遠山景久の主な著作及び論文

単行本

『新党待望論』（現代社　昭和34年3月）
『思想は発展する』（論争社　昭和35年8月）
『論客と剣客』（論争社　昭和36年12月）
『ヨーロッパ　ケチョンケチョン』（河出書房　昭和41年4月）
『ケンカの哲学』（日本ソノ書房　昭和44年4月　会田雄次との対談）

論　文（新聞・雑誌に掲載）

『中立論への警告』（『読売新聞』昭和35年8月16日）
『雪どけの波紋』（『読売新聞』昭和38年1月12日）
『台湾を独立させよう』（『読売新聞』昭和39年3月22日　スカラピーノ教授との往復書簡）
『現代日本の思想状況』（『経済往来』昭和36年6月号）
『台湾はどこへ行く』（経済倶楽部講演集）昭和39年5月15日
『新生アジアと日本の役割』（『自由』昭和40年3月号）
『現代に山田長政いでよ』（『日本及び日本人』昭和42年10月号）

『米ソの将来と日本』　（『自由世界』昭和43年9月号）
『おい、君達!!』　（『日本及び日本人』昭和46年5月号）
『ニクソン訪中への疑問』　（『自由』昭和46年11月号）
『台湾問題の核心をつく』　（『自由世界』昭和47年3月号）
『台湾はどこへ行く』　（『諸君！』昭和48年4月号）
『ベトナム敗戦に思う』　（『自由』昭和50年6月号）
『新聞を裁く・マスコミの〝ドン〟』　（『自由』昭和53年6月号）
『自由の連帯』　（『自由』昭和60年6月号）
『都市土地革命の提案』　（『自由』昭和61年6月号）

対　談

『インドネシアの再建』　（『自由』昭和41年8月号　スミトロ、板垣与一、丸山静雄と）
『自衛隊は軍隊か否か』（『毎日新聞』昭和42年5月3日　石橋正嗣との論争）
『むかし陸軍いまマスコミ』　（『週刊文春』昭和43年5月27日号　大宅壮一との対談）
『昭和元禄を裸にする』（『日本及び日本人』昭和44年3月号　今東光、大山瑛子との鼎談）
『恥を知らない奴に物申す』（『新聞之新聞』昭和44年10月　小汀利得との対談）
『民放局の宿命』　（『新聞之新聞』昭和45年1月1日　林健太郎との対談）
『よみがえれ日本』　（『新聞之新聞』昭和46年1月　大池文雄との対談）
『マスコミはこれでいいのか』　（『新聞之新聞』昭和47年1月　村松剛との対談）

台湾を独立させよう

平成17年（2005）7月13日第1刷

著　者　遠山景久
発行者　南丘喜八郎
発行所　株式会社K&Kプレス
東京都千代田区平河町1-7-3 半蔵門堀切ビル4F（〒102-0093）
☎03（5211）0096　FAX03（5211）0097
E-mail　nippon@mva.biglobe.ne.jp
印刷所　光邦

ISBN4-906674-28-3　C0095